近代日本の構造

同盟と格差

坂野潤治

講談社現代新書

2479

はじめに　近代日本の対立軸

「日英同盟」と「日中親善」

本書は近代日本の基本的な対立を、「日英同盟」と「日中親善」、「民力休養」（地租軽減）と「格差是正」の二つに絞り込み、それぞれ章を分けて検討しようとするものである。

ひと目でわかるように、この二つの基本対立軸の設定は、二〇一〇年代の日本の政治と外交を強く意識したものである。二〇一二（平成二四）年一二月に成立した第二次安倍晋三内閣は、尖閣諸島の領有権をめぐる中国との対立を「日米同盟」の強化で切り抜けようとして、憲法学者の違憲の声を無視してまで集団的自衛権を認める諸法律を制定した。それは「満蒙権益」の奪回を日本に迫る中国に対して、「日英同盟」を頼りに二一ヵ条要求をつきつけた一九一五（大正四）年の日本政府を想起させるものである。しかし、日英同盟（一九〇二年締結、一九二三年失効）で中国の利権奪回要求を抑え込むという日本外交は、一九三七（昭和一二）年七月に起こった日中全面戦争によって崩壊した。日本に対して徹底抗戦をつづける中国と、中国全土を占領しかねない日本によって在華権益を脅《おびや》かされるにいたったイギリスとの利害が一致し、日英同盟ならぬ英中同盟が強化され、孤立した日本国内では、中国の背後にいるイギリスを叩けという声が強まってきたのである。

結果的には一九四一（昭和一六）年の対米戦争にまでいたる一九三〇年代末の日中・日英関係の悪化と、今日の日中対立と日米同盟の動揺とは、明らかに次元の違う問題である。当時の日英同盟よりも今日の日米同盟の方がはるかに強固であることには疑いの余地はない。日米同盟は今でも日英同盟より、はるかに固いと言っていい。

しかし、日中関係の方は、戦前のような主導権は日本にはなくなっている。戦前の場合でも一九三七（昭和一二）年の日中全面戦争以後は、日本の主導権は大きく後退していたが、本書を執筆している二〇一八（平成三〇）年の日中関係では、主導権は明らかに中国側にある。日米同盟は日英同盟より固いが、日中関係では日本は戦前にくらべて、はるかに劣位にあるのである。

このように見てくれば、戦後七十余年の歴史では前例のない今日の日米関係や日中関係も、日本近代史のなかには、比較の対象になる前例があることは、明らかであろう。勝手に日本の現代史を一九四五（昭和二〇）年八月からはじめることが、そもそも間違っていたのである。

「民力休養」と「格差是正」

第二の対立軸の「民力休養」と「格差是正」も、今日の日本政治への批判として設定したものである。

一八九〇（明治二三）年の議会開設に向けて自由民権運動が掲げた「政費節減・民力休養」というスローガンは、その後長年にわたって日本の政治に影響を与えつづけた。このうち「民力休養」の方は当初は約五〇万の有権者が代表する農村地主の減税要求（地租の軽減）を表す言葉であったが、後には同じ地租の増徴反対のスローガンになり、日露戦争後になると都市商工業者の営業税軽減の要求にも使われた。

もう一つの「政費節減」の方は、「民力休養」よりもさらに長期にわたって、日本政治の対立軸の一つになった。それは保守党に対するリベラル政党の一貫した財政方針として昭和初頭の二大政党時代に引き継がれた。近年の事例では、二〇〇九（平成二一）年の政権交代の直後に民主党政権がおこない、国民的注目を集めた「事業仕分け」は、一八九〇（明治二三）年にいわゆる「民党」が掲げた「政費節減」論の継承であったと言っていい。

常識的に言えば、リベラル派の「政費節減・民力休養」と対立してきたのは、保守派の「富国強兵」もしくは「積極主義」であった。政府の手による工業化をめざす「富国」政策は後に保守政党政友会による公共事業拡充政策（「積極主義」）に受け継がれたが、どちらの政策もリベラル派の「政費節減」や「民力休養」の主張とは相容れないものであった。一九七一（昭和四六）年に刊行した『明治憲法体制の確立』以来、筆者の主な関心はこの「富国強兵」と「政費節減・民力休養」の対立にあった。それは、明治維新を実現した薩長藩閥勢力と衆議院の多数を占める地主政党（「民党」）の政治対立の基本的な争点だったからである。また第一次世界大戦の終結後、日本でも政党勢力が内閣を握るようになると、この対立は保守党の「積極財政」とリベラル政党の「健全財政」の対立に姿を変えながらも、一九三〇年代初めまで日本における政治対立の基本でありつづけたからである。

しかし、一九三〇年前後の世界恐慌を境に欧米の自由主義国家では、保守派とリベラル派がその立場を入れ替えた。アメリカ民主党のルーズベルト大統領によるニュー・ディールはその典型である。増大する失業者に対応するために、リベラル派が「積極財政」に転換したのである。この時以降今日まで、欧米ではリベラル派が「大きな政府」を、保守派が「小さな政府」をめざしてきた。

これに対し日本では、リベラル派の民政党は、その健全財政論を固持しつづけた。日本のリベラル派は大恐慌に苦しむ労働者や小作農の救済に冷淡だったのである。同党の内部には労働組合法の制定につとめた者もいたが、その彼らも失業保険制度の導入には正面から反対した。他方、一九〇〇（明治三三）年の結党以来「積極財政」を唱えつづけてきた保守政党の政友会の政策は、高橋《たかはし》（是清《これきよ》）財政の名で知られる超積極財政に受け継がれて不況脱出に成功したが、労働者や小作農への「分配」には無関心であった。今日でもよく言われる、「成長」の余滴はやがて「分配」にも廻るという態度だったのである。

「持てる者」と「持たざる者」

一八九〇（明治二三）年一一月の第一議会の開会から一九二八（昭和三）年一月の第五四議会の解散までの約三七年間の衆議院は、約五〇万人（一八九〇年）から三〇〇万人（一九二八年の普通選挙前）の国税納入者の代表によって構成されていた。当時の直接税は所有地に課せられる地租と、所得税と営業税であった。納税資格を問わなければ成年男子だけで約一二〇〇万人（一九二八年）いたから、三〇〇万人の有権者はその四分の一であり、当初の五〇万人ではその二四分の一である。議会ではこの限られた利益しか代表されなかったのである。

「民力休養」と言うのは「減税」もしくは「増税反対」の主張である。地主に代わって土地を耕作していた小作農は、地租を国に納めるのではなく、小作料を地主に納めていた。当時の労働者は低賃金で、所得税などが課せられる身分ではなかった。都市部の中下層民や零細企業経営者のなかで有権者資格の所得税・営業税三円以上（当初は一五円以上）を納める者は、ほんの一部であった。一言でいえば、「民力休養」とは、政府の「富国強兵」政策の負担額やその配分をめぐる、国民の四分の一の「持てる者」の要求であり、その四分の三の「持たざる者」には無関係の問題だったのである。念のために付言すれば、成年男子三〇〇〇万人と成年男子一二〇〇万人の比率は、彼らの家族を含めた国民全体の比率とみなしても大きな誤りはない。また、一九二五（大正一四）年に男子普通選挙制が成立しても、政治的な不平等が解消されただけで、その前提となっていた社会的不平等が解消されたわけではなかった。「持てる者」と「持たざる者」のあいだの社会的な格差の縮小は普通選挙制の成立以後も、政治対立の基底でありつづけたのである。

保守政党もリベラル政党も、社会の底辺への所得の「再分配」に冷淡であった時に、「格差是正」は誰によって唱えられたのであろうか。日本のリベラル派が一九三〇年代以後も「政費節減・民力休養」にこだわりつづけたのは、間違いだったのではなかろうか。第二章で「民力休養」と「格差是正」を対立的な主張として分析する理由はここにある。

筆者は二つの対立軸のうち、「日中親善」と「格差是正」とを支持するものである。ただ長年歴史学の研究をしてきた者として、事実を公平に分析し叙述する習い性のようなものができてしまっている。そのため、二つの対立軸のもう一方の、「日英同盟」、「民力休養」の分析と叙述においても、大きな偏向はないことに、変な自信を持っている。

目次

第一章　「日英同盟」か「日中親善」か

はじめに

本書は近代日本の外交と内政のそれぞれを、主流と傍流の対立として描こうとするものである。

第一章が扱う「外交」の主流は欧化主義であるが、近代日本が欧米化一般をめざしたというのは正確ではない。たしかに、一八五三（嘉永六）年から五八（安政五）年にかけて鎖国の扉をこじ開けたのはアメリカであるが、その後の欧米諸国の対日政策の中心はイギリスが握りつづけた。日英同盟が締結されたのは一九〇二（明治三五）年で、一九二三（大正一二）年には失効しているが、それ以前はもちろん、廃止以後も、イギリスは日本の対外政策に中心的地位を担いつづけた。日本外交の主流は、同盟以前も、同盟廃止以後も、「日英同盟」に置かれていたのである。

よく知られているように、第一次世界大戦後の世界では、イギリスではなくアメリカが中心国となり、原敬《はらたかし》の政友会内閣も浜口雄幸《はまぐちおさち》の民政党内閣も、その対外政策の決定に際して、アメリカの意向を最重視した。しかし、日米関係はかつての日英関係のような同盟関係ではなかったし、また互恵的なものでもなかった。イギリスと違って中国に特殊権益をまったく持たないアメリカは、中国の満蒙権益奪回の要求に好意的で、それを守るための日本の武力行使に否定的であった。日本政府の内部には、日英同盟の復活を望む声が、一九二〇年代にも根強かったのである。

一九三七（昭和一二）年七月の日中全面戦争の開始によって、日本がイギリスの中国権益を脅かすに至るまで、日英関係は日本外交の基軸でありつづけたのである。

日英同盟締結を祝うアーチ（1902年、京都。朝日新聞社提供）

　これに対し、日英同盟的なものに対する日本人の不満は、決して主流となることはなかったが、傍流として残りつづけた。一八九四、九五（明治二七、二八）年の日清戦争までは、それは条約改正とそれにともなう欧化主義に反対する「日本主義」として存続した。日本には固有の文化と伝統があり、それを壊してまでイギリス中心の国際社会に認知してもらう必要はない、という主張である。

　しかし、この議論は、日清戦争での勝利

とその成果である一九〇二（明治三五）年の日英同盟の成立で根拠を失った。日本はもはやその固有の文化を捨てないでも、欧米列強と肩を並べられるようになったからである。日本のナショナリズムは、欧米列強による半植民地化から中国を守れ、というアジア主義的な主張に姿を変えた。アジアの盟主として日本が、欧米列強によって侵害されている中国を守るという議論は、それ以前の欧化主義反対の主張と、ある程度の連続性を保てるものであった。

一九〇四、〇五（明治三七、三八）年の日露戦争によって日本も中国領土の南満州に特殊権益を持つようになっても、このアジア主義は奇妙なかたちで存続しつづけた。万里の長城の外にある満州は中国領土とはいっても中国本土とは違うものである、そこを日本が勢力圏とすることは、イギリスと並ぶ列強の一つであるロシアから、中国を守るうえで重要であると主張したのである。

このやや身勝手なアジア主義も、一九三七（昭和一二）年七月にはじまる日中全面戦争によって挫折した。中国を守るはずの日本が、その中国と正面から戦うのは、筋が通らないからである。

本書の第一章は、イギリス中心主義の主流とそれに異を唱えた日本主義・アジア主義の傍流の対外論の相剋を、その両者がともに挫折する一九三七年の日中戦争の本格化まで追っていく。

1 「欧化主義」と「日本主義」

福沢諭吉の「脱亜論」

「脱亜」という標語の発案者は、明治日本を代表する思想家福沢諭吉《ふくざわゆきち》である。言うまでもなく、日本は朝鮮や中国などのアジアの後進国から離れて、欧米先進国の一員になるべきだという議論である。「脱亜論」という言葉自体は一八八五（明治一八）年三月に福沢が『時事新報』に同名の論説を書いた時に生まれたものであるが、この考え方は一八五三（嘉永六）年のペリー来航以来の日本の指導者の大半が共有するものであった。

ただ、幕末・維新期の日本の指導者の「欧化」と福沢の「脱亜」とは、中国や朝鮮を比較対象とするか否かの一点で異なっていた。幕末日本の指導者たちには、中国は一八四〇～四二年のアヘン戦争でイギリスに完敗した「反面教師」であり、その意味ではペリーが来航した時にはすでに「脱亜」は完了していた。

これに対し、福沢が「脱亜論」を発表した一八八五〈明治一八〉年の中国は、日本と東アジアの覇権を競い合う強国となっていた。一八八二〈明治一五〉～八四年の朝鮮を舞台とする両国間の局地戦では、むしろ中国の方が優勢であった。日本国民は一層頑張って、日本は中国よりもはるかに近代的な国であることを、欧米列強、なかでもイギリスに認めてもらわなければならないというのが、「脱亜論」のほんとうのメッセージだったのである。

よく知られているように、「脱亜論」の行きつくところは、日清戦争〈一八九四、九五〈明治二七、二八〉年〉と日英同盟〈一九〇二〈明治三五〉年〉であった。しかしこの課題は、当時の日本にあっては一筋縄ではいかない代物であった。

日清戦争は、日本が軍備を拡張して清朝中国に勝てばいいという単純なものではなかった。中国に巨大な権益を築きあげていたイギリスの干渉を避けることは、大前提であった。そのためにはイギリスから、欧米文明の吸収者として認められる必要があった。それにはまず、幕末に欧米諸国と結んだ不平等条約を改正して、欧米諸国と対等な条約を結ばなければならない。なかでも難敵はイギリスであった。イギリスから欧米並みの近代国家として認められれば、あとは戦争で中国に勝てばいい。しかし、この課題が達成されなければ、そもそも日清戦争に打って出ることができなかったのである。

鹿鳴館（楊洲周延・「貴顕舞踏の略図」）

鹿鳴館外交への反発

中国との対抗心から福沢が「脱亜」を唱えたのと同時期に、外務卿井上馨《いのうえかおる》が「欧化」を強調したのは、イギリスとの条約改正を意識してのことであった。彼は欧米の外交官や上流の紳士淑女らとの社交の場として鹿鳴館の建設に尽力し、一八八四（明治一七）年七月頃からほぼ毎週（月曜日）舞踏会を開催した。

日本の男女が洋装して社交ダンスを踊る姿は、多くの日本人の反発を買った。中国を蹴落として欧米列強の仲間入りをするという「脱亜」は日本人の心を奮い起たせるが、欧米人に「欧化」度を計ってもらうための舞踏会は、日本人の自尊心を傷つける。「脱亜主義」の反対は「アジア主義」であるが、このような「欧化主義」への反発から生じたのは「国粋主義」であった。

明治国家の指導者たちにとっては「尊王攘夷」は昔話になっていたとは言え、わずか二〇年前までは、それは「開国進取」と並ぶ日本の変革者たちの基本目標であった。もう「攘夷」は諦めていても、欧米文明を心から受け容れていたわけではなかったのである。

鹿鳴館外交への反発は、政府が「対等条約」と呼ぶ条約改正草案への批判という政治問題へと発展した。神戸、横浜などの開港場に認められていた外国人の領事裁判権の撤廃の代償として、欧米の基準を充たす民法、商法、民事・刑事訴訟法の制定、外国人が関係する裁判には過半数の外国人判事採用の義務化、さらにこれまで開港場に限られていた欧米人の居住・通商の全国化などが約束されていたのである。なかでも「泰西主義」の諸法律の制定の規定は、先の欧米風の舞踏会の開催と相俟って、日本人の自尊心を大きく傷つけた。

谷干城の「日本主義」

この条約改正案に政府内部で最初に反対の声をあげたのは、農商務大臣の谷干城《たてたてき》であるが、彼の西欧視察中の日記（一八八六〈明治一九〉年一一月）には、舞踏会外交と条約改正案とが一つのものとして批判されている。

「嗚呼《ああ》、日本現今の急進は、ほとんど亡国の徴候と思わるるなり。（中略）内を顧みれば、大土木を起し、市区の改正なり、官衙の建築なり、芝居の改良なり、踏り女服の改正なり、ダイヤモンドなり、皆太平無事の仕事にして、人民の休慼《きゆうせき》も顧みず勝手自儘の政事を為し、（中略）文明開化を装って条約改正を誤魔化さんとするも、西洋の識者はすでにその開化の真物に非ずして気候違いの狂花《きようか》にして、数年ならずして後退なるを知了すれば、決して完全の条約は出来る道理なし」（『谷干城遺稿』上巻、五八七〜五八八頁。引用については、現代仮名遣いに改め、句読点を補うなど変更を加えた。以下同）。

鹿鳴館外交のような見せかけの西欧化では欧米諸国の識者に評価されず、したがって対等な条約改正はできない、というのである。

それならば谷は「真物」の「開化」をめざしていたのかといえば、むしろその反対であった。彼は、井上の条約改正案が、日本の風俗や習慣と異なる欧米風の諸法典の制定を約束し、その草案起草にも同じく「習慣、風俗」を異にする外国人顧問の意見を重視したことに、強く反発したのである。一八八七（明治二〇）年七月に条約改正案に反対して農商務大臣を辞任するに際して政府に提出した意見書において、谷はつぎのように論じている。

「法律規則なるものは、一国の建国歴史および人民の風俗、習慣、教法などより発生造作せるものにして、つまりは自国の安寧幸福を保全せんとするの意に外ならず。（中略）建国歴史に暗く、習慣風俗を殊〔異〕にせる者に協議し、習慣風俗を殊〔異〕にせる者に諮詢し、風俗習慣を殊〔異〕にせる者の意に満つるの法律規則を改正し、以てその歓心をもとめんと欲するあらば、これすなわち独立の大権なる立法の範囲に他人の干渉を許すものにして、国家衰廃の階梯《かいてい》を作るものと断言せざるを得ず」（『谷干城遺稿』下巻、九〇頁）。

同文のくりかえしを厭わず引用したのは、明治維新から二〇年も経った一八八七（明治二〇）年に、「鎖国」時代を懐かしむような「日本主義」とも言うべき主張が登場してきたことを示すためである。

引用文からも明らかなように、この「日本主義」は、日本が「東洋の盟主」として朝鮮や中国を欧米列強の侵略から守るという「アジア主義」とは、次元の違うものであった。もちろんそれは、中国や朝鮮を蹴落として日本だけが欧米列強の仲間入りを果たすという「脱亜主義」とも相容れないものであった。日本が独りでその「建国歴史」と「習慣風俗」

を守って、いわばひっそりと我が道を行くというのが、谷干城の主張だったのである。

　谷の辞職後この意見書は旧自由党員により秘密出版され、左右両勢力の幅広い支持を得た。有名なのは旧自由党勢力による「三大事件建白運動」である。一八九〇（明治二三）年の国会開設を前にして再結集の機会を求めていた民権運動家たちが、地租の軽減、言論・集会・出版の自由と並べて、「外交策の刷新」、すなわち条約改正反対を三大スローガンの一つに掲げたのである。

三大事件建白運動の運動家たち（1887年。国会図書館「龍野周一郎関係文書」より）

富士山讃美と国民運動

　他方、谷の辞職とその意見書は、「日本主義」や「国粋主義」を掲げるナショナリズムの台頭にきっかけを与えた。言論界では志賀《しが》重昂《しげたか》や三宅雪嶺《みやけせつれい》が、翌一八八八（明治二一）年四月に雑誌『日本人』を創刊し、翌々一八八九（明治二二）年二月の紀元節（今日の建国記念の日）には、陸羯南《くがかつなん》を主筆とする新聞『日本』が創刊された。
言論界の日本主義のなかで、もっとも原理主義的だったのは、『日本人』の創刊者の一人だった志賀重昂である。自ら「国粋保存旨義《しゆぎ》」を名乗る彼が一八八八年、同誌の第二号に載せた「『日本人』が懐抱する処の旨義を告白す」と題する論説は、つぎのような富士山の讃美ではじまる。

「円錐形の鎮火山、秀然として海を抜き屹立《きつりつ》一万余仞《じん》、千年万年の氷雪皚々《がいがい》としてその峰嶺に堆積するものは、実に富士の峯にあらずや。しかして幾多の山系これと綿亙《めんこう》し、翠を空に挿み碧を雲に横《よこた》え、遠く佇望《ちよぼう》すれば真個に一幅の活画のごとく、うたた人をして知らず識らず美術的の観念を発揮せしめ、しかして漸くこれが発育を誘致したるものは、けだし偶然にあらざるべきや」（『志賀重昂全集』第一巻、一頁）。

志賀が「大和民族」の「一種特殊なる国粋（Nationality）」の生成要因を富士山だけに限っていたわけではないが、それを最重視していたことには疑問の余地はない。
万葉集のなかにも富士山は歌われていても、奈良や京都の人には富士山は見えないから、その優美さが「大和民族」古来の「国粋」であったはずはない。保守主義者が振りまわす「伝統」に歴史的な根拠がないのは、今も昔も変わりがないのである。しかし、志賀がその前年に書いた小論のなかのつぎの一文は、「伝統」の根拠としては弱くても、日本人の心を打った。

「予は、（中略）日本の山水風土花鳥の優美なるを歎賞するの感情を層一層涵養し、これを培殖し、以て冥々の間に隠然と日本国土を愛慕するの観念を儲蓄せんとせしむるものなり」（『国民之友』、一八八七年一〇月二一日号）。

このような素朴すぎるような愛国心から、志賀は一転して条約改正案の内容とその実現のための鹿鳴館外交に反対する一大国民運動の結成を呼びかけた。志賀は欧米流の諸法典の制定をめざす改正案を「日本分子打破旨義」と呼び、表面だけ欧化を装う鹿鳴館外交を「塗抹《とまつ》旨義」と名づけ、それに反対する日本国民の大同団結を求めて、つぎのように論じている。

「起きんや我が三千八百万の兄弟姉妹よ。郷〔卿〕らは自己が現在未来の安寧幸福を保維せんため、何ぞ自ら奮って『日本分子打破旨義』と『塗抹旨義』とを日本国外に放逐蕩掃するの方策を講究せざる。借問す、その方策とは如何。いわく、彼ら『日本分子打破旨義』と『塗抹旨義』は、上流社会と大先達の学士世界との間に眼前も今後も大団結を為し、滔々として日本国土を汎濫せんとするものなれば、卿らもまた大団結を組成し、あえて以てこれらの両党与にあたらんとする、すなわちこれなり」(『志賀重昂全集』第一巻、六頁)。

「大先達の学士世界」を敵とするこの「国粋保存旨義」は、鹿鳴館外交だけではなく、文明開化の先導者の福沢諭吉らも敵とするものだったのである。

富士山を筆頭とする日本の「山水風土花鳥の優美」を尊重する素朴な愛国心から、一気に飛躍して幕末維新以来の文明開化の批判に進み、そのための国民的大運動の提唱に到達したのである。

驚くべきことに、この論理の大飛躍は日本人の心を把えて、国民的大運動が実際に起こった。志賀らの雑誌『日本人』の同人たちは、一八八九(明治二二)年二月に創刊された陸羯南らの新聞『日本』の支援者たちとともに、井上馨の後を継いだ大隈重信《おおくましげのぶ》外相の条約改正案反対の一大国民運動の一翼を担ったのである。

対等条約というスローガン

一八八七（明治二〇）年末の保安条例の公布により、先に記した三大事件建白運動は鎮圧されたが、翌八八年六月以降、より穏健なグループによる大同団結運動が再興された。その中心的なスローガンは、三大事件建白の第二項、「言論・出版・集会の自由」の代わりに「責任内閣」、すなわち政党内閣制の樹立を訴えたものであるが、第一スローガンの完全対等条約の締結は、当初は形の上だけのものであった。井上の後を継いだ大隈が、欧米的な諸法典の制定と外国人判事の採用を条約の本文から落としたからである。

ところが、一八八九（明治二二）年四月に『ロンドン・タイムズ』が、条約案本文にはない外国人判事の採用が、外交告知文というかたちで承認されていることを明らかにすると、第一スローガンが一気に運動の中心になった。雑誌『日本人』や新聞『日本』が、にわかに世論の注目を浴びるにいたったのである。

一八八九年八月に旧自由党系の二団体と国権派系の二団体に「日本・日本人社友」を加えた五団体の連合組織が大隈条約改正反対のために結成された。志賀らの『日本人』、陸羯南らの『日本』は、五団体の一つを構成するほどの力を持つにいたったのである。

「日本主義」の高揚は、一八八七（明治二〇）年から八九年にかけての井上改正案と大隈改正案のあいつぐ挫折で、一旦は終息した。一八九〇（明治二三）年七月には日本で最初の衆議院総選挙がおこなわれる。外交は票にならないのは当時も同じで、大同団結運動の、対等条約、地租の軽減、責任内閣の樹立の三大要求のうち、農村地主がほとんどの約五〇万の有権者の最大関心は「地租の軽減」に置かれた。そして選挙に勝って議会で多数を得た政党は、有権者の要求の実現と同時に、三番目の「責任内閣」の樹立を重視した。戦後の憲法とは違い戦前の憲法は議院内閣制を定めていなかったから、当時「民党」と呼ばれた自由党や改進党が衆議院の過半数を占めても、内閣は明治維新の元勲たちが握りつづけていた。当時このような内閣を「超然内閣」と呼んだ。議会の多数党から「超然」とした内閣という意味である。このような内閣の反対が議会に責任を負う「責任内閣」である。

欧米に向けられたナショナリズム

こう見てくると、一八八八（明治二一）年に後藤象二郎《ごとうしょうじろう》が復活させた大同団結運動には、外交、内政、政治体制の三つが、ひとつのセットとして提唱されていたことがわかる。しかし、この三大要求は、実際には状況に応じて個別に取り上げられた。外交政策は条約改正案がまとまりかけるたびに大きな運動を呼び起こし、地租の軽減は状況により地租増徴反対の要求に変わりながら、予算規模に大きな変化が起こるときに、そして「責任内閣制」の要求は、「官民調和」（藩閥と政党の妥協体制）と「憲政の常道」（二大政党制）双方の大前提として政党のほぼ恒常的な要求として存続しつづけた。

このように大同団結運動の三大要求を三つの要素として分けた場合、これまで紹介してきた「日本主義」は、条約改正が達成されるまで国民的運動の火種として残りつづける。「欧米」だけに向けられたこのナショナリズムは、政府にとって二重の意味で厄介なものであった。

その第一は、すでに記したように、政府が中国と対決するために必要な、欧米から高い評価を受けるという課題に、「日本主義」が正面から敵対するという点である。日本政府が求めてきたから改正交渉に応じているのに、当の日本国民が反対するならば、欧米諸国としては幕末の不平等条約のままで構わないよ、と言いたくなるであろう。

第二に、これもまたすでに記したように、政府が条約改正を急ぐ理由は、来るべき日中戦争に際して、欧米列強の中心をなすイギリスの理解を得るためであった。しかし、一八九〇（明治二三）年の議会開設以後、「地租の軽減」を求める自由党や改進党などの「民党」は、日中戦争に必要な海軍軍拡費を、予算先議権を武器に否決しつづけてきた。いま仮に、これらの「民党」を「左翼」と呼べば、「日本主義」を掲げて条約改正に反対するナショナリストたちは、「右翼」に当たるであろう。

「左翼」が海軍軍拡に反対する以上、「右翼」たるものが政府の対中国軍備の拡張を熱烈に賛成するのが普通であろう。一九三七（昭和一二）年に日中戦争が勃発して以後の「右翼」はそうであった。しかし一八九四（明治二七）年に日清戦争が勃発するまでの明治中流期の「日本主義」者たちは、中国に対する軍備の拡張をめざす政府を支持しなかった。彼らは欧米の文明や文化の流入から日本の文化や伝統を守ろうとしたのであり、中国の文明や文化には尊敬も脅威も抱いてはいなかったのである。幕末に欧米列強の軍事的威力を見せつけられた明治中期にあっては、たとえ「欧化」に反対する「日本主義」者でも対欧米戦争は考えてもいなかったから、結局彼らは、対中戦争も対欧米戦争も唱えないナショナリストだったのである。

陸奥外相の名演説

この結果、条約改正と対中戦争をセットとする明治政府は、日清戦争前年の一八九三（明治二六）年の末（一二月三〇日）と開戦のわずか二ヵ月前の九四年六月初めと、二度にわたって衆議院を解散しなければならなかった。なかでも、一八九三年一二月二九日の第五議会解散に際しての陸奥宗光《むつむねみつ》外相の演説は、条約改正をめざす政府の立場を鮮明に打ち出している点でも、それに反対する者が議会の多数を占めていたことを示す点でも、注目に値するものである。陸奥はつぎのように述べている。

「諸君、試みに明治初年に現在したるところの日本帝国を以て今日に現在するところの日本帝国と比較してごらんなさい。その進歩の程度はいかに（中略）著しきやを知るに難からぬと思います。まず経済の点より言いますれば、明治初年において内外交易の高というものは、その金高三千万円に足らなかったのが、明治二十五年には、ほとんど一億六千有余万円になり、また陸には三千マイルに近い鉄道が敷き列《つら》ねられ、一万マイルに近き電線を架け列《なら》べたり。また海には数百艘の西洋形の商船が内外の海面に浮んで居る。軍備の点より言えば、（中略）ほとんど欧州強国の軍隊にも譲らぬ常備兵が十五万も出来て居る。海軍もほとんど四十艘に近い軍艦が出来、将来なお（中略）これを増進せんと思います。（中略）特にその一大特例として云うべきものは、立憲の政体ここに立ち、（中略）本大臣が諸君と国家須要の政務を論ずるに至るまでに

陸奥宗光（国会図書館蔵）

進歩したるは、亜細亜州中いずれの国にありますか。（中略）条約改正の目的を達せんとするには、畢竟《ひっきょう》わが国の進歩、わが国の開化が、真に亜細亜州中の特例なる文明強力の国であると云う実証を外国に知らしむるにあり。これが条約改正を達する大目的であります」（『帝国議会　衆議院議事速記録』第七巻、二五二～二五三頁。傍点筆者）。

今日の日本人の多くが共有している明治維新の成功物語を簡潔に、しかも具体的に要約した名演説である。

単に「富国強兵」の成功だけではなく、また単に「文明開化」の達成だけでもなく、「公議輿論」（「立憲の政体」）までも含めた明治維新論である。

このような陸奥外相の演説に、衆議院議員たちは全員立ち上がって拍手したかと言えば、その反対であった。この演説が終わった直後に、天皇の詔勅によって衆議院は二週間の停会が命じられ、翌三〇日議会は解散された。何が起こったのであろうか。

対中開戦の条件としての条約改正

じつは、この陸奥外相の名演説は、先に記した一八八七（明治二〇）～八九年の「日本主義」の再興とも言うべき「現行条約励行建議案」が議会に提出されたことに対抗しておこなわれたものであった。

この条約励行建議案は、かつての日本主義者の後継者とも言うべき大日本協会によって提出され、同じくかつての「五団体連合」と同様の「硬六派連合」によって支持されたものであり、衆議院では今や与党となった自由党以外の四党がこれに加わった。

議会開設前の藩閥政府は、二つの相異なる反対勢力との二正面作戦に苛《さい》なまれてきた。「民力休養」論と「日本主義」である。しかし、議会開設後は、条約改正を棚上げにしてきたので、相手は「民力休養」を掲げる自由党や改進党などの「民党」だけに絞られた。とはいえ、その「民党」は「民力休養」すなわち地租の軽減のための財源として、行政費の一〇パーセント減を要求し、政府が憲法の規定を楯にこれに応じないと、海軍軍拡費の削減に鉾先を転じた。軍事費であろうと何であろうと、予算の増額には議会の同意が必要だったから、政府には対抗策がなかった。

海軍軍拡ができなければ中国と一戦するわけにはいかないので、政府は一八九三（明治二六）年二月の第四議会で天皇の詔勅に頼って民党との妥協を実現して（第二章参照）、その年の後半からもう一つの対中戦争準備である条約改正交渉に取りかかった。もう一つの反対勢力の「日本主義」には、以前のような力はないと判断したのである。

たしかに、一八九三年中頃に登場した時の大日本協会は、条約改正により外国人が日本全国で居住し商工業に従事する「内地雑居」に正面から反対するグループで、その影響力は限られているように見えた。欧米諸国と対等な通商条約を結ぶ以上、日本人が海外で自由に商業活動する代わりに、日本国内も開放するのは当然で、それに反対するのはひと昔前の攘夷論者と同じで、明らかな時代錯誤であった。陸奥は元外相で駐独公使の青木周蔵《あおきしゅうぞう》に送った電信(一八九三年七月二五日付)のなかで、「彼の攘夷的の根性いまだ消滅せず、何時までも外人を視ること一種異類のごとく、これと同等なる交際することをも嫌忌する徒(彼の非内地雑居論者流の中にはこの類甚だ多し)は、到底縁なき衆生と断念」せざるを得ない、と記している(『日本外交文書』第二六巻、二四頁)。

しかし、先に見た一八八七(明治二〇)年から八九年にかけての井上・大隈条約改正案反対運動も、当初はいわば「日本保存主義」的な素朴な反欧化主義であった。雑誌『日本人』の志賀重昂の富士山をはじめとする「日本の山水風土花鳥」の讃美が、大隈条約改正案反対の一大国民運動に発展したのである。

先に見たように、第五議会に提出されたのは「現行条約励行建議案」で、「内地雑居反対建議案」ではなかった。しかし、日本の政府が提案してきた条約改正案を日本の議会が否定するものである点では、同じであった。欧米列強の中心であったイギリス政府は、日本政府がこのような排外主義的な言動の鎮静化に成功するまでは改正交渉を中断することを、日本政府に通告してきた。

先に記したように、日本政府は対中開戦に必要な二要件のうち、海軍軍拡についてはすでに議会の同意を得ていた（第四議会）。しかし、第二の要件であったイギリスによる対等条約の承認の方は、他ならぬ日本自身の議会によって妨害されたのである。

励行派の優勢

戦前日本の政治体制は専制的なもので、議会は無力な存在にすぎなかったと思いがちである。たしかに戦後の民主主義体制とくらべれば、戦前の議会には多くの制約があった。しかし、その制約のなかでは、議会は政府と対等な憲法上の機関であり、その第四〇条で「建議権」は認められていた。その建議の採否は政府の権限であったが、立法府の意思は明確なものになる。行政府が現行条約の改正を、立法府がその「励行」を求めるという無様な姿を欧米列強に見せまいとすれば、政府の採りうる手段は議会の解散しかなく、解散した結果総選挙で励行派が多数を占めれば、事態は振り出しに戻るだけであった。一八九四（明治二七）年三月におこなわれた総選挙の結果は、三〇〇議席中、政府与党の自由党が一二〇議席、励行派諸党の合計がそれを若干上廻り、励行派が優勢であった。言論界も励行論を支援したので、院内でも励行派はさらに議席を増やし、第六議会では彼らの提出した内閣弾劾上奏案が過半数の支持を得て衆議院で可決された（五月三一日）。この上奏案には、内閣が「特に外政に至りては偸安《とうあん》姑息、ただ外人の歓心を失わんことを是れ畏れ」とあるから、条約改正のための軟弱外交を批判する点で、前議会の条約励行建議の趣旨を受け継ぐものであったと言っていい。

先の励行建議に対しては、その提案前に議会を解散できた政府も、議会の「上奏」に対しては対抗手段を持っていなかった。もちろん政府にはそれに反対する上奏を天皇におこなうことはできたが、議会の上奏自体を防ぐことはできなかった。第四九条の定めによって、憲法は議会の上奏権を認めていたからである（「両議院は各々天皇に上奏することを得」）。政府は六月二日に天皇が宮内大臣を通じて「衆議院の上奏は御採用に相成らず」と回答するまで、議会を解散することもできなかったのである。

朝鮮内乱という転換点

ふりかえってみれば明治政府は、一八八四（明治一七）年一二月の甲申事変で朝鮮支配をめぐって中国に譲歩を強いられて以来、近い将来の対中決戦をめざして劣勢だった海軍の拡充に努めてきた。しかし、一八九〇（明治二三）年に議会が開設されると、衆議院は地租の軽減を求めて、この海軍軍拡予算を削減しつづけた。九三（明治二六）年の第四議会で天皇の力を借りて「民党」の主力だった自由党に海軍軍拡を承認させると、自由党を除く政党や会派は、「日本主義」者を中心に政府の条約改正に反対して統一戦線を組んだ。政府は近づく日清戦争を念頭に欧米諸国との条約改正を急いだのに、議会は反欧米、反欧

「東学党の乱」の指導者全琫準（中央）

化に的を絞って政府を攻撃し、中国のことはほとんど眼中になかったのである。減税を重視していた時の議会も、「日本主義」を強調していた時の議会も、中国との競合をまったく意識していなかったことは、注目に値する。

しかし、朝鮮における内乱が、「日本主義」の転換をもたらした。

完全に偶然の一致であるが、日本でナショナリストが内閣弾劾上奏案を衆議院で可決した一八九四（明治二七）年五月三一日に、朝鮮では欧米主義と中国主義（儒教）の排斥を唱える「東学党」が農民の支持を得て、朝鮮南部を支配下に置いた。窮地に陥った朝鮮政府は中国公使袁世凱《えんせいがい》に出兵を要請し、六

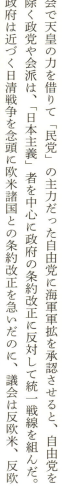

月四日中国政府は軍隊に出動を命じた。日本政府は、議会の上奏が不裁可になった六月二日に駐韓代理公使から朝鮮政府の中国への出兵要請の報を得て、衆議院を解散した。同日、政府は中国に対抗して、朝鮮への出兵を閣議決定した。日清戦争の事実上のはじまりである。

この時点を境に、「日本主義」は簡単に「脱亜主義」に転向した。ナショナリズム一般が変わり身が早いというのは早計であるが、一八八七(明治二〇)年から九四年までの七年間、条約改正交渉のたびに盛り上がった「日本主義」は、日清戦争の勃発と同時に、その正反対の主張に変化したのである。

「日本主義」の放棄

「日本主義」の理論家として高名なのは、新聞『日本』の主筆、陸羯南である。実名の「実《みのる》」よりも号の「羯南」の方がよく知られている。六月初めに中日両国が朝鮮に出兵すると、その羯南の主張が、先に紹介した陸奥外相の「脱亜」的演説と、ほとんど一致してきた。七月一〇日の社説で彼はつぎのように論じている。

「他に先だちて進歩するの能力あるものは、他を誘いて進歩せしむるの任務あるものなり。日本国民は東洋において最も先きに進歩せり。これ少なくも近隣諸国の事物を率いて進歩せしむるの任務あるものなり。邦人つねに日本国民が長足の進歩を為せりという。これ元と外人の評にして、邦人すなわちこれを栄とす。これを栄とするはもとより善しといえども、ただこれを栄とするのみにしてその任務のこれに附随するを知らずんば、これ真に進歩したるの国民にあらざるなり」（『陸羯南全集』第四巻、五四四〜五四五頁）。

日本人はその「長足の進歩」を「外人」に認められて悦に入っているが、その進歩を「東洋」の「近隣諸国」にも普及させる「任務」を忘れている、という主張である。これでは羯南が「日本主義」を放棄したことを自ら宣言したのと同じではなかろうか。

　この前後の新聞『日本』の社説には、このような「欧化主義」的論調だけではなく、中国とのライバル意識丸出しの「脱亜主義」的主張も数多く載っている。たとえば七月七日の社説には、「今日の急は在韓の清兵を郤〔郤《しりぞ》〕くるにあり。これを郤〔郤〕けざれば我れの朝鮮における権威は、また伸ぶべからざるなり」とある（同前書、五四三頁）。いつのまにか、欧米列強に対抗するはずの日本主義の相手が中国に変わっているのである。日清戦争を前にして、「日本主義」は自壊したのである。

　七月一〇日の社説が新聞『日本』に載った六日後に、「現行条約励行」派があれほど反対してきた条約改正が、イギリスとのあいだで成立した（日英通商航海条約）。

2　中国の「分割」か「保全」か

日本主義者と植民地

「臥薪嘗胆」という熟語を知っている人は多いだろう。日清戦争で中国に譲渡させた遼東半島をロシアなど三国の干渉で返還させられた時に広く使われ、どんな苦労をしてもそれを奪い返すという標語である。

欧米型の近代国家をめざしてきた「欧化主義」者や「脱亜論」者にとっては、植民地を持つ帝国への飛躍は、単なる一歩前進にすぎなかったであろう。しかし、つい先日まで、欧米流文明の流入に抵抗してきた「日本主義」者たちは、欧米列強と同じ理屈で中国領土の南満州を植民地にすることに納得できたのであろうか。「臥薪嘗胆」する前に、かつての「日本主義」と矛盾しない新たな立脚地を造らなければ、日本のナショナリストはその存在意義を失いかねなかったのである。かつての日本主義者たちが思いついたのは、「支那保全」論であった。

つい先日まで正面から戦った相手の中国を日本の力で「保全」するという主張を最初に唱えたのが誰かは、特定できない。しかし、新聞『日本』が一八九八（明治三一）年六月下旬に発表した「対清問題は何如」と題する社説は、時流を追ったものではなく、それを作った側に属するものと思われる。

中国独立の「保全」

この社説はまず、「日清戦後経営」の名で知られる脱亜型強兵政策にもかかわらず、日本はドイツの膠州湾、ロシアの旅順・大連の租借に何らの対抗策も打ち出せなかった事実に着目する。日清戦争に勝って一旦は遼東半島を中国に割譲させたことは、中国分割の先鞭をつけたことである。それなのに「三国干渉」でそれを中国に返還させられただけではなく、三国のうちドイツが膠州湾を、ロシアが旅順・大連に租借権を獲得するのを傍観したのは、「我が国における支那分割論は一時の妄想に過」ぎなかったことを意味する。

列強の中国分割に同調することも抗議することもできない以上、日本は「脱亜論」型の中国分割路線を放棄して、「支那国の保全を主張」すべきである。この社説はつぎのように論じている。

「帝国は早晩必ず独露の行動に対して相当の牽制を加えざる可らざるや勿論、今日に至りては大陸沿岸の一部に云為《うんい》〔言動〕して僅かに均勢を保つが如きに満足すべからず。東洋平和、むしろ世界平和の為に支那国の保全を主張し、一歩を進めて該国内治の革新に有効の誘掖《ゆうえき》〔導き〕を与えんことは、隣交の情誼においても、国際の道理においても、わが帝国の任務たり」（『陸羯南全集』第六巻、八八頁）。

この主張ならば、日清戦争前の「日本主義」の「アジア主義」への発展として理解できる。欧米に対して日本の独立と文化を「保全」するという主張から、欧米に対して日本だけではなく中国の独立を「保全」し、さらにその国内改革を援助せよ、という主張だからである。

ロシアの満蒙占領

このような「支那保全」論が国民のあいだに浸透すれば、ドイツやロシアに呼応して中国分割に参加し、満蒙権益を獲得しようとする政府の立場は困難にさらされる。しかし、「支那分割」論と「支那保全」論が協調できるような状況が、一九〇〇（明治三三）年に生まれた。ロシアによる満蒙の占領がそれである。

　この年中国に義和団の蜂起が起こり、六月には北京を占領した。中国政府もこの動きに押されて、中国に植民地を持つ西洋列強に宣戦を布告した。中国に大軍を駐留させていなかったイギリス以下の列強は、地理的に近い日本に大規模な出兵を要請した。新聞『日本』の陸羯南によれば、「支那大陸に何の領土をも何の特権をも有せず、事実上何の野心をも有せざる日本は、〔義和団事件による今回の〕禍変の原因に何等の関係もなく、また何等格段の損害をも受けざるに、ただ地理上の近接せるによりて最も多くの兵を出し」たにすぎない（『陸羯南全集』第六巻、五五六頁）。

義和団の乱に出兵した連合国軍兵士

　しかし、事変終了後に、日本を含めた列強が撤兵した後にも、ロシアだけが満州に兵を留め、事実上同地を占領すると、事情が変わってきた。これを黙認すれば、「臥薪嘗胆」を標語に日清戦争後の大軍拡をおこなってきた日本政府は、最終的に「支那分割」を諦めたことになり、何のための軍拡だったのかの弁明に窮する。他方、「支那分割」に反対し、そのための大軍拡にも反対してきた「支那保全」論者にとっても、ロシアの満州占領を許しては、何のための「支那保全」か、その存在価値が問われかねない事態であった。

「分割論」と「保全論」双方の窮地の打開の道が一九〇四、〇五（明治三七、三八）年の日露戦争であったことは容易に見当がつくことであるが（満蒙を占領するロシアとの戦争は、中国分割への参加としても、中国の独立の保全のためとも、言いうる）、その結論に飛びつく前に、考慮しなければならない二つの大前提がある。

にわか作りの議論

その第一は、「分割論」にせよ、「保全論」にせよ、ともににわか作りの議論だったという点である。

すでに第一節で明らかにしたように、わずか数年前の日清戦争までは、「外交問題」と言えば「条約改正」問題であり、外交思想の対立と言えば、「欧化主義」を採るか「日本主義」を守るかにあった。日清戦争後に「支那保全」を唱えはじめたナショナリストも、つい先日までは「日本保全」主義者だったのである。「分割」か「保全」かを大上段に構えてみても、そもそも「支那問題」を西洋列強のパワー・ポリティックスのなかで考えたことなどなかったのである。

「支那保全論」の中心的存在だった東亜同文会会長の公爵近衛《このえ》篤麿《あつまろ》は、このことをはっきりと自覚していた。同文会以下のアジア主義団体を結集して国民同盟会を組織する直前（一九〇〇〈明治三三〉年六月三〇日）の新聞談話で、近衛はつぎのように述べている。

「我国には、惜しい哉《かな》いまだ外交政策に一定の方針と云うものがない。過去二十有余年間と云うものは、単に条約改正と云う事にのみ傾注して居ったから、今日に至るもいまだ確乎たる外交に方針のないのは、私の常に遺憾とするところである」（『近衛篤麿日記』第三巻、二〇四頁）。

前節で記したように、条約改正のために井上馨外務卿が鹿鳴館外交を開始したのが一八八四（明治一七）年七月で、日英通商航海条約が結ばれたのが一八九四（明治二七）年七月であるが、一八七一（明治四）年に出発した岩倉使節団の欧米訪問も条約改正の下準備のものだったから、そこから数えれば、「過去二十有余年間」は、近衛の言うとおり「外交」といえば条約改正でしかなかった。条約改正の相手国は西洋列強の全部だったと言っても、主要な相手はイギリス一国であり、そのために必要だったのは日本が西洋基準の近代国家であることを証明することだけであった。外交経験と呼べるような代物ではなかったのである。この点では明治日本は、日米安保以外に外交問題らしいものはなかった戦後七十余年の日本とそう変わらなかったのである。

他方、条約改正に反対しつづけたナショナリストの側にも、欧米列強の対外政策や中国の内情についての関心や知識はなかった。美しい自然のなかで長年にわたって培われてきた日本固有の習慣や風俗を、欧米文明の侵食から守れというのがその基本的立場だったからである。「支那保全」ではなく、「日本保全」が、日清戦争までの日本のナショナリストの課題だったのである。明治の「日本主義」者たちは、人類の理想を体現する「平和憲法」を持つ日本を美化する戦後の平和主義の原型だったのかもしれない。

言い換えれば、一九〇〇（明治三三）年の義和団事件を機に日本外交が巻き込まれた列強による中国分割の世界は、欧化主義者にとっても日本主義者にとってもまったく新しい事態であり、「支那分割論」と言い、「支那保全論」と言っても、両者がどこでどう違うのか、はっきりわかっていたわけではなかったのである。

コップのなかの争い

第二の大前提は、「分割論」と「保全論」の対立はある意味ではコップのなかの争いであり、もう一つの大勢力であった衆議院の第一党政友会はこのどちらにも関心を持っていなかった、という点である。旧自由党を傘下に納めた政友会は、第二章で検討する「民力休養」論をなお重視しており、「分割」であろうが「保全」であろうが、その前提となる軍拡を否定して、日清戦争後に増徴した地租の軽減を日露戦争の直前まで要求しつづけていたのである。

政友会の基盤は言うまでもなく納税者の大半を占める農村地主であったから、同会の言う「国民」とはこの階層を意味した。その「国民」の戦争嫌いについて、原敬は日本がロシアに宣戦を布告した翌日の日記（一九〇四年二月一一日）につぎのように記している。

「我国民の多数は戦争を欲せざりしは事実なり。政府が最初七博士をして露国討伐論を唱えしめ〔一九〇三年六月〕、また対露同志会などを組織せしめて〔同年八月〕頻《しき》りに強硬論を唱えしめたるは、斯くして以て露国を威圧し、よって以て日露協商を成立せしめんと企てたるも、意外にも開戦に至らざるを得ざる行掛を生じたるものの如し」（『原敬日記』第二巻、九〇頁）。

ここで原敬が触れている主戦論七博士の建議書はよく知られているが、その原型は三年前の一九〇〇（明治三三）年九月にロシアの満州占領に抗議して書かれた『諸大家対外意見筆記』である。政友会の視点からすれば、「分割論」と「保全論」のどちらも、政府内タカ派の御用勢力の議論にすぎなかった。今日的な表現を使えば、中国問題は票にならなかったのである。

このような状況の下では、「中国問題」に関心を持つ者たちには「分割論」か「保全論」かの対立にこだわっている余裕はなかった。両者が一つになって政友会のような内治優先論と対抗する必要に迫られたのである。

アジア主義

両者の統一は、義和団事件で共同出兵した日本を含めた連合軍が、その鎮定によって撤兵の準備をしている時に、ロシアのみが満州に駐兵を続けることが明らかになった一九〇〇（明治三三）年九月頃にはじまった。「支那保全論」の中心的存在であった『日本』新聞の陸羯南が、「支那分割論」の急先鋒であった後の「主戦論七博士」（一九〇〇年当時は六博士）と連携を計ったのである。

六博士の中心にあった戸水寛人《とみずひろんど》（東京帝大法科教授）がこの四年後に刊行した『回顧録』によれば、六博士建議書の草案起草者は「支那保全論」の論客陸羯南であり、六博士の会合自体が、当時中国問題に係わる諸団体の連合体として国民同盟会を結成しようとしていた近衛篤麿の仲介によって開かれた。日本近代史研究ではこのグループ全体を「アジア主義者」と呼んでいる。「日本保全主義」（日本主義）時代との連続性を残していた「支那保全論」とは異なり、「分割論」と合体した「アジア主義」には、日本国民全体の心を揺さぶるようなナショナリズムの要素が稀薄であった。原敬が彼らを御用学者、御用団体扱いした理由は、ここにあったと思われる。

しかし、原敬の評価に反して、「アジア主義者」はその両義性の故に、一九〇〇（明治三三）年の義和団事件から一九〇四年の日露戦争までの四年間、次第にその影響力を増大していった。ロシアによる満州占領は、誰が見ても日本の朝鮮支配を危くするもので、日清戦争の意義そのものを失わせかねないものだったからである。

しかし、ロシアが占領しているのは中国領土の満州であるから、朝鮮の独立を守れというスローガンでは、ロシアの批判にはならない。ここに国民同盟会などの「支那保全」の標語の意味があった。

満州を占領するロシアに対して「支那保全」を掲げ対峙すれば、最悪の場合には日露戦争も覚悟しなければならない。それでも、もし戦争に勝って満州を中国に返還するならば、日露戦争は「支那保全」のための戦争になる。しかし、世界最強の陸軍を持つロシアに日本の総力を挙げて戦いを挑み、その成果が「支那保全」すなわち満州の中国への返還であるというようなことに、日本国民が応じるであろうか。「支那保全」論者の陸羯南が満州割取論の六博士に接近したのは、この弱点に気づいていたからではなかろうか。

「日英同盟」と「日中親善」の結合

両者の接近は、山県有朋《やまがたありとも》首相宛の六博士の建議書を陸羯南が起草したことにはじまる。一九〇〇（明治三三）年九月二八日に六博士が揃って山県の目白の自宅に持参して、直接に手渡した建議書はつぎのようなものであった。

「帝国は曾《かつ》て、東洋平和の為に三国の忠言を容れて遼東の占領を中止したり。今もし、支那大陸の壌地〔土地〕を割取せんとするの国あらば、帝国また同一の忠言を与え、列国環視の中において断然これを抗拒するは至当の事なりとす。特に満州及び遼東の占領は列国の均勢を傷け、東洋の平和を破るの点においても、帝国の同意すべきところにあらず。それのみならず、東洋禍乱の動機たる朝鮮問題は、速かにこれを決せざるべからず。

軍備競争の状態は今やまさに東亜に移り、満州および遼東における露国の経営は日を逐《おっ》て進行し、山東における独国の計画また甚だ小ならず。帝国は戦後の経営として軍備に重きを置き、ようやくまさに完成せんとす。（中略）今回の変乱に際し帝国が最多の軍隊を送り、最着の戦功を立て、以て北京の危難を救援したるは、実に東亜の現状を維持し世界と共に永く平和の慶に頼らんと欲したるによる。列国またこの意を諒とし、事変の収結に関しては理まさに帝国の主張を重視すべし。好機逸すべからず、帝国雄飛の端を啓くはまことに今日にあり。（中略）

今回の事変に関し列国その利害を一にせず、あまねくその歓心を得んと欲すといえども得るべからず。外交当局者特に意をここにいたし、帝国と利害を一にするの国と相提携し鋭意事に従わば、庶幾《こいねがわ》くば帝国将来の安寧を計り東洋平和の基礎を固くすることを得ん。謹んで卑見を陳ぶ。

明治三十三年九月二十八日

富井政章《とみいまさあきら》、寺尾亨《てらおとおる》、金井延《かないのぶる》、松崎蔵之助《まつざきくらのすけ》、中村進午《なかむらしんご》、戸水寛人」（戸水寛人『回顧録』、六〜八頁）。

六人の大学教授の依頼を受けて起草したものだから、これが「支那保全」論者陸羯南の主張だったとは言えない。しかし、「支那保全」が謳われているのは最初の一節だけであり、つぎの段落は「帝国の雄飛」で結ばれており、最後の一文では「帝国と利害を一にするの国」との提携、すなわち「日英同盟」が提唱されている。それらをまとめれば、「六博士の建議書」とは、「支那保全」を掲げてロシアと戦い、戦いに勝つためにイギリスと同盟し、戦いに勝ったら満州に「雄飛」しようというものだったのである。「支那保全」論と「支那分割」論が結合しているだけではなく、「日英同盟」と「日中親善」とが結びついているのである。

六博士の不安

最悪の場合には戦争を覚悟してもロシアの満州占領に抗議するという一点だけを共通項とするこの「建議書」の立場は、ロシアとの戦争を避けたいと考える元老の一部と政友会を除く多くの政党と言論界の支持を得ていた。この建議書は近衛や陸の勧めで作られたものであるから、「国民同盟」がその熱心な支持者だったことは言うまでもない。陸によれば、政党のなかでは、「憲政本党、帝国党、および三四倶楽部の人々は相い率いてこの国民同盟に加」わったという（『日本』、一九〇二年四月二七日）。この三党で三〇〇議席中の一一五議席を占めていたから、反政友派の政党はすべて国民同盟会に参加していたのである。

原敬の低い評価にもかかわらず、六博士建議や国民同盟会の運動は、対露戦争の世論作りでは大きな力となった。しかし、そこには外交戦略とか外交思想とか呼べるものは何もなかった。「支那保全」を掲げてロシアとの戦争に勝った後に満州を日本が取るのでは中国の官民の怒りは倍加するであろう。侵略に偽善が加わるからである。反対に「支那分割」を正直に主張してロシアに勝ったとして、日本は満州を単独で支配できるであろうか。六博士の一人、学習院教授の中村進午の意見は、この不安を隠していない。彼はつぎのように論じている。

「日本が外国に土地を取ることは善いか悪いかは問題で、日本は大陸に土地を取ったことのない国である。この点においては、露西亜から見ても支那から見ても、日本は劣る国である。アンな広い土地を取って何千年も治めたと云うことは、支那の豪いところである。（中略）露西亜は今日こそアンなに豪いが、二百年前は極く小さいものであった。日本は嘗て朝鮮征伐もやって見たが、いまだ大陸の土地を持ったということはない。三韓征伐の時一寸取ったが、直ぐに取戻されてしまった。だから、大陸に土地を持つというが日本の為に善きことであるか悪いことであるか、私は知らない。しかし今私の考えるに、（中略）日本が今日支那の事に対して手を出さずに居るということは、すなわち日本が自滅するのである。経済上で自滅するのです。どうしても日本は外国に向って進まなければならん。すなわち欧羅巴に手を伸すのでなく、実際支那と朝鮮に向って手を伸ばさなければならない。今日日本は支那とは衝突して居らない。衝突するのは露西亜である。（中略）支那は露西亜からゼロと見られて居る。日本は支那をゼロに見て居る。この空間の所が争うべき所である。もし支那が旧のような強い国なれば、支那で日本が露西亜と争うというようなことは出来ない」（戸水寛人『回顧録』、七二〜七四頁）。

できれば論点にしたがって引用を三つに分けたかった。しかし中村進午の文章は相互につながりあっており、分断することが困難であった。以下に三点に分けて説明しなおしたい。

ジリ貧を避けるための賭け

第一は、「支那分割」論者にも、「分割」後の満州の維持に見通しは立っていなかった点である。欧米との対等条約の締結だけを目標としてきた明治日本にとって、中国分割への参加は大飛躍だったのである。

しかし第二に、満州以外には日本に残されていた分割地域は、もはや存在しなかった。これを諦めれば、日本は永遠に島国日本として存在するしかなく、イギリス、ドイツ、フランス、ロシアが各々の拠点から中国全土への経済進出をめざしていくなかでは、その存続すら危くなるという危機意識を、中村は抱いていたのである。この二点を併せれば、分割論とは、ジリ貧を避けるための賭けだったといえよう。

第三点は、日露戦争後の日中関係を考えるうえで重要である。中国領土の満州で日本とロシアが雌雄を決するなどということは、日清戦争以前の中国の下では考えられないという指摘は重要である。これを裏返せば、日露戦争後の日本の南満州権益は、軍事力と経済力での中国の発展に応じて危うくなるということである。その分析が次節の課題である。

3 「日英同盟」の後退と「日中親善」の登場

期限付の南満州権益

一九〇五（明治三八）年に対露戦争に勝利した日本は、ロシアが中国から得ていた満州権益の南半分をロシアに譲渡させ（九月）、それをあらためて中国政府に承認させた（一二月）。「北京条約」の名で知られるこの条約の内容は、つぎの二点であった。

第一条。清国政府は露国が日露講和条約第五条〔旅順、大連、およびその周辺の租借権〕および第六条〔後の南満州鉄道とその沿線および同鉄道保有の炭坑〕により日本国に対して為したる一切の譲渡を承諾す。

第二条。日本国政府は、清露両国間に締結せられたる租借地ならびに鉄道敷設に関する原条約に照らし努めて遵行すべきことを承諾す。将来何等案件の生じたる場合には、随時清国政府と協議の上、これを定むべし。

問題はこの第二条にあった。ロシアが中国から旅順、大連の租借権を獲得したのは一八九八（明治三一）年三月であるから、この条約が結ばれた一九〇五（明治三八）年一二月には、七年半が経過していた。第二条で「原条約」を「遵行」すると定めた以上、二五年間の租借権は日本がロシアから譲渡された時には一八年間になっていたことになる。一九〇五年に一八年を足せば、一九二三（大正一二）年には日本の旅順・大連などの租借権は期限切れになり、あらためて「清国政府と協議」しなければならなくなる。陸海軍が一九〇七（明治四〇）年に「帝国国防方針」を策定したのも、一九一五（大正四）年に第二次大隈重信内閣が悪名高い二一ヵ条要求を中国政府に突きつけたのも、この一九二三年期限と深く関係していた。さらに言えば、一九二三年前半の、中国における日本商品ボイコット運動は、まさに原条約の期限切れにあたって、新条約たる二一ヵ条条約の撤廃を求めたものであった。

このような租借権切れの問題は、裏返せば、日本の満蒙権益は絶えず不安定な状況に置かれていたことになる。古参のヨーロッパ帝国とは違う新興帝国の宿命だったのかもしれない。

山県有朋（国会図書館蔵）

山県有朋の警鐘

一九〇五（明治三八）年末の北京条約締結の直後から、日本の南満州権益が期限付のもので、「占領」ではなく「租借」にすぎないことに警鐘を鳴らしつづけていたのは、陸軍の大御所で元老の山県有朋であった。一九〇九（明治四二）年に陸軍大臣の寺内正毅《てらうちまさたけ》に送った意見書のなかで山県は、「今や租借期限は剰すところわずかに十又四年に過ぎず」と明記している。一九〇九年に一四年を加えれば、先に記した一九二三（大正一二）年になる。山県には一九二三年に南満州権益を中国に返還するつもりは、まったくなかった。しかし同時に彼は、「租借は即ち租借にして、占領もしくは合併と同一に非ざる」ことも弁《わきま》えていた。そうだとすれば、中国の同意を得て租借期限を延長する以外に、南満州権益を守る途はなかった。

一九一四（大正三）年の第一次世界大戦勃発以前の山県には、中国の同意を得るための具体的な「親善」策は見られない。むしろこの頃の彼の主張は、後の二一ヵ条要求（一九一五年）に近いものであった。すなわち、第一に満州権益を南北に分けて獲得している日本とロシアが協力して、中国の利権回収要求を抑え込むこと、第二に、中国が租借地の返還を迫ったとしても、そこに建設されている鉄道や鉱山は、没収ではなく買い取らなければならないから、中国がとても買い取れないほどの付加価値をつけるべく南満州開発を急ぐこと、第三に、中国の利権回収要求を力で抑え込めるだけの軍事力をつけておくことが山県の対策だったのである（大山梓編『山縣有朋意見書』、三〇八～三一四頁）。

日本陸軍の仮想敵

一九〇七（明治四〇）年策定の「帝国国防方針」では、陸軍がロシアを、海軍がアメリカを主要な仮想敵として各々の軍拡計画を策定していた。しかし、その策定の必要を天皇に上奏した山県は、陸軍の仮想敵としてロシアと並んで中国を挙げていた。さらに、その二年後のこの意見書では、ロシアは中国の満州権益奪回をともに防ぐ日本の「同盟国」扱いにされているのである。そうなると「帝国国防方針」における陸軍のほんとうの仮想敵は、中国だけになってくる。重要な点なので、山県自身に語ってもらおう。

「武力を以て清国を威圧するは即ち最後の手段にして、目下の策としては宜しく日露の協約を利用し、露国と協議熟談の上相提携して以て清国をして交譲妥協せしむることを計る可きなり。〔満州と韓国について両国の利害が対立していることは事実であるが、〕清国の利権回収熱に対するに至りては、双方の利害正に相斉しきものあり。（中略）すなわち、満州の経営につきては日露の両国その利害の共通せる点につきて熟議を遂げ、双方の勢力を合用して以て清国をしてその要求に聴従せしむること、今日の第一要義〔なり〕」（大山前掲書、三一三頁）。

一方で満州権益の拡大を日露両国で競い合いながら、他方で両国が協力して中国の満州奪回要求を抑え込むなどということは、言葉のうえでしか実現できない。山県はこの意見書で「帝国国防方針」で定めたロシア仮想敵論を放棄して、日本陸軍の仮想敵を中国一国に絞ったと見るのが適当であろう。

中国を日本陸軍の仮想敵と位置づける山県に「日中親善論」がないのは当然であるが、この前後の山県は、第一次世界大戦勃発後には彼の対中国政策論の中心となる「同人種同盟論」を正面から批判していた。一九〇七（明治四〇）年に時の首相西園寺公望《さいおんじきんもち》に送った意見書のなかで、山県はつぎのように論じている。

「日本が欧州の強国と戦って勝利を得たるは、決して有色人の白色人より強きことを証明するものに非ず。むしろ欧州文明の勢力偉大にして、善くこれを学び得たる有色人が文明の潮流に後れたる白色人に打勝ち得ることを証明するものに外ならず（下略）」（同前書、三〇四頁）。

これでは山県は、「同人種同盟論」どころか、その正反対の「脱亜論」の信奉者だったことになる。山県が従来の「脱亜論者」と異なるのは、それが「日英同盟」一本槍ではなく、「日露協商」を付け加えて欧米協調を多角化した点にある。後に山県は、さらにアメリカを特異の大国として位置づけることにより、「欧米列強」の多様性をさらに強調するようになる。

山県の「同人種同盟」論

陸軍の大御所で内閣を監督する元老の一人でもあった山県有朋が、「日中親善」を強調し、日英同盟でも日露協商でも抑えきれないアメリカの台頭に警鐘を鳴らすようになったのは、一九一四（大正三）年七月に第一次世界大戦が勃発してからである。中国に多くの利権を持つ英露両国がドイツやオーストリアとの全面戦争に突入したことは、中国に対する日本の地位を飛躍的に高めた。日本が南満州租借期限の延長を中国に力で迫っても、大戦中のイギリスやロシアにはそれに介入する余力はないからである。一九一四年八月の首相、外相、蔵相（大隈重信、加藤高明《かとうたかあき》、若槻礼次郎《わかつきれいじろう》）宛の意見書のなかで、山県はつぎのように論じている。

「今や欧州に大乱起り、いわゆる一等強国は皆な交戦状態に在り、何ぞまた手足を東洋に伸べ支那における各自の利害を考慮して隠約の間に競争を為し、あるいは威を用い、あるいは恩を售《う》るに暇あらんや。〔中国大総統の〕袁世凱策略に富むといえども、また恐らくその手段に窮せん。これまことに帝国がその対支政策を確立し、従来の怠慢と誤謬とを矯正して、更始一新を策するの好機に非ずや」（大山前掲書、三四二頁）。

それでは山県の対中国政策の「更始一新」の内容は何かというと、これまでの日本近代史研究ではまともな評価を受けてこなかった「同人種同盟」論であった。本書執筆中の二〇一七（平成二九）年の欧米秩序の混乱を眼のあたりに見て、筆者は山県の主張に魅かれるものを感じる者であるが、まずは一見古色蒼然とした彼の意見を引用しておこう。この意見書のなかで山県はつぎのように論じている。

「世間あるいは帝国の武力を過信し、支那に対しては只威圧を以て志を遂ぐべしとする者あれども、人生の事は一の腕力によりて決定せられ得るがごとき簡略のものに非ず。今日の計は先ず日支の関係を改善し彼をして飽くまで我れに信頼するの念を起さしむるを以て主眼とせざるべからざるなり。（中略）今や東洋における有色人種にして独立の国家を形成する者は、要するに日本と支那とに過ぎず。（中略）故に東洋における有色人種にして、いわゆる文明の進歩せる白人種と競争し、数千年来の歴史を保存し国家の独立を維持して、白人をして対等民族として親交せしめんとするには、同色かつ同文なる日支両国が相親善して互いにその利を進め害を除くに非ざれば不可なり」（同前書、三四〇〜三四三頁）。

そうは言っても、山県の日本と中国の「親善」にあっては、両国は主と従の関係にあった。もちろん日本が「主」で中国が「従」である。すなわち、中国をして「その従前の態度を改め、今より政事上および経済上の問題にして、いやしくも外国に関係あるものは、必ず先ず我れに謀りて、而して後ちこれを決せしむる、今日は実に千載一遇の好機に非ずや」と（同前書、三四三頁）。読みようによっては、中国から外交権を奪って保護国にしようという主張にも響く。

たしかに、この翌年（一九一五年）に日本政府が中国に突きつけた二一ヵ条のなかには保護国化をめざす条項があり、中国政府だけではなく欧米諸国の強い反発を買った。しかし、すぐ後に記すように、二一ヵ条要求を推進した参謀本部や外務省は典型的な脱亜主義者で、「日中親善」的な要素はまったく持っていなかった。これに対し山県は、中国を独立国として認め、主と従の関係は前提にしながらも「日中同盟」論の主唱者であった。その山県が中国に対して、「いやしくも外国に関係あるものは、必ず先ず我れに謀りて、而して後ちこれを決せしむる」と言う時、それは同盟国間の対外政策での一致を主張したものと理解していいであろう。二一世紀初頭の日本の対外政策も、同盟国アメリカの意向を最重要視している。

米中接近への警戒心

大戦勃発直後の山県の対中国政策論には、あと二点注目する必要がある。その第一は、中国の現政権の尊重である。彼は一九一一年の中国革命（辛亥革命）以前には、孫文らの革命運動を排して清朝の存続を願い、革命以後は急進派を鎮圧して帝政を復活させた袁世凱を支持した。日本国内でも保守的政治家の筆頭であった山県の当然の選択とも言えるが、同時に彼が中国統治の安定を願ったからでもあろう。安定した中国の中央政権と主従的同盟を強め、世界大戦後の欧米秩序の再編に備えようとしたのである。

もう一つ注目すべき点は、大戦以前にも日英同盟一辺倒ではなかった山県が、大戦中のアメリカの台頭を重視していたことである。この大戦で英露両国を中心とする連合国側が勝つことは間違いないとしても、戦争中に疲弊した両国の国際的な影響力は低下せざるを得ない。山県の言う大戦後の白色人種の有色人種への再攻勢のなかには、英露両国だけではなく、新興大国アメリカが重要な一員として含まれていたのである。

山県もこの時点でアメリカが民族自決を旗印にして戦後の世界を主導することまでは見

通してはいなかった。しかし、中国に特殊権益を持たないこの新興大国が、経済的にも政治的にも中国との関係を緊密にしていることの重要さは、理解していた。彼はつぎのように論じている。

「対支政策を確定しこれを実行するに当りて最も意を用いざる可からざるは、すなわち対米政策なり。米国は富裕にして、支那における商工業と貿易とは、近頃その最も注目するところなり。而して欧州の大乱はいささかも米国の手足を牽制せざるのみならず、むしろこれをして漁夫の利を独占せしむるに足るものあり。かつ、支那の政府が帝国の真意を疑い、帝国の行動を牽制せんが為に、遥かに米国に依頼するや久し。もし帝国にして依然支那の疑惑を氷釈すること能わず、かえってこれを増長せしむるが如きことあるにおいては、その帝国を疎んじて米国に趨るや益々急なるべく、米国もまたこれを好機として益々勢力を支那に伸ぶるに至らん。（中略）帝国はもとより米国を敵とする者に非ず。したがって、対支政策を実行するに当りて米国の感情を傷害し、これをして徒らに猜疑の眼を睜らしむるは、決して策の得たる者に非ず。将来東洋の平和を維持し、支那の独立を扶持することにつきて虚心坦懐米国と交渉するは、最も緊要の事業たるべし」（大山前掲書、三四四〜三四五頁）。

一九〇四（明治三七）年の対露開戦に先立って同盟条約を結んでくれたイギリス、日露戦争での敗北にもかかわらず戦後は満州権益を南北に分け合う日露協商に応じてくれたロシアの両国が、ともに世界大戦で日中関係に介入する余力がなくなったことにどう対応するかは、日本の国防と外交にとって大問題であった。山県はこの状況を、日本が中国に対してフリー・ハンドを得たものと単純化してはいなかった。世界大戦が終結した時には、中国に特殊権益をまったく持たないアメリカが世界有数の大国となる以上、これまでのように日英同盟とか日露協商とかの帝国主義国同士の二国間協定で、中国の満州返還要求を抑え込むことはできないと考えていたのである。しかも、特殊権益を持たない国は、特殊権益返還の要求に同情的である。大戦中に日本が、無理なかたちで中国に一九一三（大正一二）年期限の延長を強いれば、中国はアメリカに接近する。大戦後の世界で、この両国の接近に対抗する力は、日英同盟にも日露協商にもないのではないかという漠然とした不安を、山県は抱いていたのである。「同人種同盟」という前近代的な構想の背後には、世界大戦後の国際秩序の大転換に関する、かなり透徹した予測があったように思われる。

しかし、一八七四（明治七）年の台湾出兵以来四〇年にわたる日中対立を権力の中枢で経験してきた自己の危惧を、大戦勃発時の外務省や参謀本部に共有させることは、元老元帥の山県の力を以てしても不可能であった。外務省にとっての欧米列強とは、主にイギリスであり、新興のアメリカへの関心は低く、陸軍にとっての中国とは日清戦争以後の無力な中国だったからである。このことを端的に示しているのは、二一ヵ条要求を中国に突きつけた直後の、参謀次長明石元二郎《あかしもとじろう》のつぎの手紙である（一九一五年二月三日、朝鮮総督寺内正毅宛）。かなり長文の手紙であるが、二一ヵ条要求についての参謀次長の本心を示す資料は貴重なので、現代文化したうえで引用しておきたい。「候文」は現代の読者には読みにくいからである。

「支那諸新聞の論調は次第に矯激に向かいつつあります。中には悲憤慷慨の辞を洩らすものも少なくありません。（中略）おそらく袁世凱はこれらを理由として、〔二一ヵ条の〕条件の低減を求め、あるいは時日を引き延ばし、この間に日本の要求を第三者の利害と衝突させ、それにより日本の要求を鈍からしめようとしているように思えます。

外務大臣の意向をはっきりと伺った訳ではありませんが、外務省の幕僚らは、やむを得ない時は兵力を用ゆるの決心だと申して居りますが、彼らの壮言はあまり当てにはなりません。しかし、兵力に訴えても、ロシアは異議を唱えないばかりか、自国の立場上からもむしろ厚意を表するだろうし、イギリスには何ら反対する理由がないとは、外務省側の観察です。アメリカは言うに足らない事は、何人も首肯するところです。今回ほど都合の宜い日本の立場は、まず無いと思います」（国立国会図書館憲政資料室所蔵「寺内文書」6・44）。

満州権益を南北に分け持つロシアと、日英同盟のイギリスに異存がなければ、中国政府や国民の反発は無視して力ずくで要求を受け容れさせるという参謀本部の主張に、外務省までも同調しているのである。「日中親善」の正反対の「脱亜主義」の国防、外交政策である。硬軟をとりまぜながら何とか袁世凱政権に南満州権益の期間延長と日中提携を了承させようとした山県有朋の「アジア主義」に、参謀本部や外務省はもはや従おうとはしなかったのである。

日本外交の基調

参謀本部や外務省と山県とのもう一つの大きな違いは、アメリカの評価である。引用した手紙のなかで明石は「アメリカは言うに足らない事は、何人も首肯するところです」と記している。しかし、すでに見たように、この手紙の約六ヵ月前の意見書のなかで山県は、その正反対の観方を強調している。

山県と明石のどちらの中国政策も第一次大戦後の世界では役に立たなかった。袁世凱の中央政権を支えて日中人種同盟のようなものを作り上げようにも、袁の死後の中国ではいくつもの軍閥が割拠して、統一した中央政権の再建は夢の世界になってしまった。他方、中国世論の反発を軍事力だけで抑え込むという明石路線は、一九二一(大正一〇)年一一月から二二年にかけて開かれたワシントン会議で全否定された。日本陸軍自身にとっても、「二一ヵ条」は、二度とくりかえしたくない無謀の中国政策の代名詞として、しばらくは引き継がれた。

しかし、両者のもう一つの対立点、すなわちアメリカの重視か軽視かは、アメリカ主導のワシントン体制の下でも、一九二〇年代を通じての日本の中国政策を二分する対立点となっていく。

一九二一(大正一〇)年一二月の英・米・仏・日の四ヵ国条約と翌年二月の九ヵ国条約とによって、日英同盟は解消し、現状を超える中国からの特殊権益の獲得は禁止された。その結果、日本の対欧米、対中国政策は、根本的な変化を迫られた。原敬・高橋是清の政友会内閣（一九一八〈大正七〉～一九二二年）による、日米親善、中国内政不干渉政策は、その後を継ぐ憲政会の加藤高明・若槻礼次郎内閣（一九二四〈大正一三〉～一九二七〈昭和二〉年）、民政党の浜口雄幸・若槻礼次郎内閣（一九二九〈昭和四〉～一九三一年）に受け継がれ、日本外交の基調となったのである。

日本に対する低い関心

しかし、一九〇二（明治三五）年以来の同盟国イギリスとは違って、アメリカには日本を同盟国扱いする気はまったくなかった。そもそもアメリカ人の日本についての知識と関心は、相当に低いものであった。ひと昔前に筆者が和訳した、チャールズ・E・ニュウ（C. E. NEU）の「東アジアにおけるアメリカ外交官」という論文（細谷千博・斎藤真編『ワシントン体制と日米関係』所収）によれば、一九二五（大正一四）年に北京公使に任命された時には「雀躍」したJ・V・A・マクマリーは、その八年前に東京在勤を命じられた時には「悲嘆に暮れた」という（同書、二一七頁、二二九頁）。京都や奈良と違って東京には欧米人を魅了する神社や寺院も少なく、日比谷公園以外にはこれと言った庭園もなく、テニス・コートの他にはレクリエーション施設もなく、できる運動は散歩ぐらいしかなかったという。また、関東大震災以前の建造物は貧相で、大使館でさえ建て付けの悪い、今にも倒れそうなあばら屋の寄せ集めで、駐在員の家にいたっては、「とても建物と言えるしろものではない」とマクマリーは記している。当時の東京は、北京の宏大さや装麗さにくらべようもなかったのである。

魅力のない日本では、歴代の駐日公使らの日本人への関心も深まらなかった。彼らは主として、英語をよく話す欧米帰りの、特にアメリカ帰りの日本のエリートたちとの交際を通じて日本を理解していた。一九二四(大正一三)年末から翌年にかけて駐日大使であったE・A・バンクロフトはその典型であり、彼が本国に送った報告は、「陸軍や海軍については言及さえしていない」という(同前書、二三〇頁)。

この限られた交流をもとに、アメリカの駐日外交官たちは日本の支配層の親米性を確信していた。たしかに、一九二七(昭和二)年から二九年の田中義一《たなかぎいち》内閣時代を除けば、日本の外交担当者たちは一九二〇年代を通じて日米関係を最優先し、その意向にしたがって中国内政不干渉主義を守り通した。しかし、他面では、それはきわめて不安定なものであった。

幣原《しではら》外交的な路線が日本国内において抱えている幾多の困難を、肝腎のアメリカ側がよく理解していなかったのである。

高橋是清の参謀本部廃止論

「二重外交」という言葉があるように、日本の中国政策には外務省のものと陸軍のものとがあった。陸軍の出先機関を統轄するのは参謀本部で陸軍省ではないから、彼らの主張は直接国策に反映されるわけではない。しかし他方で、彼ら出先機関の活動は明治憲法第一一条の定める「統帥権」に属し、陸軍大臣や外務大臣を含めた内閣の統制の外にあった。さらに厄介なことに、関東軍司令官や朝鮮軍司令官も天皇に直属していたから、参謀総長でさえ出先機関を完全に統御できたわけではなかった。それらを無理に従わせる場合には、天皇の名によるいわゆる「奉勅命令」が必要だったのである。

二一ヵ条要求に代表される世界大戦中の日本陸軍の中国政策は、中国で欧米で、さらには日本国内で悪評を浴び、大戦後はしばらく表立っては活動できなくなった。大戦後の国内政治を握った原敬や高橋是清の政友会内閣は、半ば公然と参謀本部の外政介入を非難していた。原内閣の大蔵大臣高橋是清は、参謀本部廃止論を印刷し、閣僚や党幹部に配布している。一九二〇（大正九）年九月稿の『内外国策私見』と題する高橋のパンフレットは、二一ヵ条条約の大幅緩和と参謀本部廃止をセットに論じたものとして、注目に値する。彼はこの二点を、〝軍国主義日本〟という諸外国の印象を払拭する必要から説いている。高橋はつぎのように論じている。

「最近において殊に日本の軍国主義なるもの欧米に喧伝せられ外交上に不信用を来せるゆえんは、主として大隈内閣当時における日支交渉、いわゆる二十一箇条の要求に因由せり。（中略）今日にいたるまで欧米諸国において我が国は火事場泥棒を働く軍国主義者なりと誤解せられ、支那においては依然日貨排斥の声を絶たず、唇歯輔車《しんしほしゃ》〔持ちつ持たれつの関係〕の両国がほとんど犬猿ただならざる怨恨を生ずるにいたりしもの、職〔主〕としてこれに存ぜずんば非ず。（中略）次に我が国の制度として最も軍国主義なりとの印象を外国人に与うるものは、陸軍の参謀本部なり。これ戦前のドイツ帝国の制度を模倣したるものにして、軍事上の機関が内閣と離れ、行政官たる陸軍大臣にも属せず、全然一国の政治圏外に特立して独立不羈の地位を占め、ただに軍事上のみならず、外交上においても経済上においても、ややもすれば特殊の機関たらんとす。すなわち在外派遣員のごときは、軍事上必要なる調査研究を事とするに止まらず、時として外交及び経済上の政策に容喙《ようかい》し、わが外交を不統一ならしめ、ひいて国家の損害を醸したるがごとき例は、従来僅少ならざるなり。（中略）英米人のごときは、参謀本部の海外駐在員を以て陰険悪竦《（ママ）》なる外交官なりとして、最も嫌忌《けんき》擯斥《ひんせき》せり」（『小川平吉関係文書』第二巻、一三七〜一四一頁）。

このような見解を抱く高橋が原敬の後を継いで首相となり、日英同盟の廃止と中国の領土・主権の尊重を定めた四ヵ国条約と九ヵ国条約をワシントン会議で締結したのである。アメリカの駐日大使たちが日本の支配層が親米的であると信じ、陸海軍の動向にあまり注意を払わなかったのも、ある意味では当然だったのである。

しかし、高橋の非難の的となった「参謀本部の海外駐在員」は、満州をはじめとする中国各地で依然として活動を続けていた。表は一九二五（大正一四）年一月に北京公使館付武官室で開かれた「在支諜報武官会議」の出席者一覧である。中国内政不干渉主義を採る幣原外交の下でも、これだけ広範囲にわたって、「参謀本部の海外駐在員」が活動していたのである。

「在支諜報武官会議　出席者一覧」（1925年1月17日～20日）

主催者	林　弥三吉	少将	公使館付武官（北京）
出席者	岡村寧次	中佐	上海駐在武官
	酒井　隆	少佐	漢口駐在武官
	菊池門也	少佐	済南駐在武官
	金子定一	少佐	天津軍参謀
	浦　澄江	少佐	関東軍参謀
	板垣征四郎	中佐	公使館付武官補佐官（北京）
	土肥原賢二	中佐	北京坂西機関
	佐藤三郎	大佐	参謀本部支那課長
	鈴木貞一	大尉	公使館付武官副補佐官
	松室孝良	少佐	張家口特派員
	佐々木到一	少佐	南京駐在（参謀本部付）
	及川源七	大尉	北京研究員（近衛歩兵第一連隊付）
	奥　亀之助	大尉	鄭州研究員

旧陸海軍関係文書（マイクロフィルム）T.598（国立国会図書館などが所蔵）

4　日英の再接近と「日中親善」の終焉

参謀本部と外務省の関係

参謀本部の出先機関の存続にもかかわらず、政府の親米・中国内政不干渉政策は、一九二六（大正一五・昭和元）年末までは大きな困難に遭遇しなかった。参謀本部自体が政府のこの政策を受け容れていたからである。先に出席者一覧を示した一九二五（大正一四）年一月の「在支諜報武官会議」に参謀本部が提出した方針案と会議での説明とを見れば、このことは明らかになる。参謀本部から派遣された佐藤三郎《さとうさぶろう》大佐は、外務省との関係について、席上つぎのように述べている。

「時局発生直前〔中国内部における第二次奉直戦争〕より、外務省亜細亜局長および陸海軍軍務局長並びに参謀本部・海軍軍令部部長らは、一週間に二回（目下一回）ずつ合同して支那問題について相談し、意志疎通を図りしも、初期においてはその効果少なかりしが、逐次良好に向いつつあり。如上の故を以て、出先官憲もまた、相互協和を計り、軍事以外の事項は、直接中央部に報告する外、外務系機関にも通報せらるれば、事務の円滑を期することを得べし」（拙著『近代日本の外交と政治』一三四頁）。

週に一、二回のペースで外務省側と協議をくりかえしただけあって、参謀本部がこの会議に提出した原案のなかには、つぎのような一文があった。

「支那の内政問題は支那人をして自ら解決せしむるの主義を採り、日支の関係に重大なる影響あるものの外は支那人の自由裁量に委するの寛容なる態度に出で、他列強に対しては華府〔ワシントン〕会議の精神を基調として支那の対外問題を有利に解決し（下略）」（同前書、一三三頁）。

時の内閣はいわゆる護憲三派内閣で、外相は幣原《しではら》喜重郎《きじゅうろう》であった。参謀本部は幣原外交を陸軍の出先機関に浸透させるために、この「在支諜報武官会議」を召集したようにすら見えるのである。

出先機関の「統帥権の独立」

もっとも、参謀本部のこのような態度を出先機関が簡単に受け容れたわけではなかった。この会議を主催した北京公使館付武官の林弥三吉《はやしやさきち》少将自身が、出先機関による統帥権の発動は外務省とその在外機関には拘束されないと主張した。彼はつぎのように述べている。

「軍部の必要とする国防上の対支施設の如き、統帥権の発動により着々これが実行を期せざるべからざるなり。国防用兵上の必要が外務の平時的施設と衝突し、これが実行不可能なるにおいては、領土相接する国家の対策は軍部のみの施設としてもこれを実行せざるべからず」（前掲拙著、一三六頁）。

ここでは「施設」は、設備よりは行為を表す言葉として使われている。参謀本部が外務省と接近すれば、陸軍の出先機関の「統帥権」は参謀本部からも「独立」しかねなかったのである。

しかし、一九二六（大正一五）年七月の蔣介石《しょうかいせき》による「北伐」開始までは、出先機関の「統帥権の独立」も、大きな問題にはならなかった。一九一六（大正五）年の袁世凱の死後の中国は、いくつかの軍閥に分かれ、一種の内戦状態にあったので、出先機関の対応も一つにはまとまらなかったからである。

たとえば関東軍の中国内政介入として有名な郭松齢《かくしょうれい》事件の時にも、出先機関のなかには張作霖《ちょうさくりん》ではなく反乱を起こした郭松齢の方に肩入れする者もあったのである。先の在支諜報武官会議に北京公使館付武官副補佐官として出席していた鈴木貞一《すずきていいち》大尉は、その一人であった。鈴木は反乱直前の郭と天津で会って、彼から、中国の民心は軍閥を離れて国民革命を支持している。日本が支援している張作霖は孤立する一方である。自分が軍隊を率いて張を倒して、中国国民の支持の下に日本と提携していきたい、という話を聴いて、「それは非常にいいことだ、ひとつ応分の力を貸しましょう」と答えた、と回顧している（『鈴木貞一氏談話速記録』下巻、二六九頁）。彼はこの郭の主張を宇垣一成《うがきかずしげ》陸相に伝え、「こういう考えで郭松齢が兵を率いて満州にはいっていく、そのときに関東軍が（中略）張作霖を援助しないようにしてくれ、援助をしないで自然の成行にまかせてくれ、そうすれば必ず郭松齢の民族的な力によって張作霖はやられるから、日本軍が動かないようにしてもらいたい」と書き送ったという（同前書、同頁）。

同様の意見は、南方孫文派の動向に詳しい参謀本部の佐々木到一《ささきとういち》も持っていた。彼はその自伝のなかで、「これは支那自体の内戦である。（中略）郭軍が勝てばとてこれを討伐するわけにもいかないではないか」と主張した、と記している（佐々木到一『ある軍人の自伝』、一二六頁)。
鈴木や佐々木の主張にもかかわらず、関東軍は張郭戦争に武力介入し、郭は敗れて逃走中に射殺された。しかし、この事件までは、陸軍の出先機関は、参謀本部にも関東軍にも統一されてはいなかったこと、また、彼らのなかには、反張作霖の立場から中国内政への不干渉を唱える者もいたことは重要である。陸軍の出先機関のなかには、「幣原外交」として識られる不干渉政策に同調する者もいたのである。

中国政策転換の期待

このような状況は、一九二六(大正一五)年七月の「北伐」の開始によって一変した。何よりも大きな変化は、イギリスが本気で日本の中国政策の転換を期待しはじめたことである。

日本の陸軍は、先に紹介した「在支諜報武官会議」が開かれた年の末には、明らかにワシントン体制の修正を求めはじめていた。アメリカの日本外交史研究者のジェームズ・B・クラウリー教授(J.B.CROWLEY)は、日本の陸軍省軍務局長がイギリスの外交官に、日本の高級将校は一人残らず「日英同盟が日本の外交政策の基礎であった時代と同じように、イギリスとのもっとも親しくかつ暖い関係」の再構築を望んでいる、と述べたことを明らかにしている（ジェームズ・B・クラウリー「日英協調への模索」、細谷・斎藤前掲書、一〇一頁、河合秀和訳）。

しかし、この時点ではまだイギリスは、日本政府の対英接近と対中国強硬外交への転換を本気にはしていなかった。「幣原外交」の頑固さを見せつけられてきたからである。イギリスの外務事務次官（ウィリアム・ティレル）は、一九二六（大正一五）年七月の「北伐」開始の時点でも、現在の反軍国主義的、民主主義的精神の下では、日本政府が軍事力を使って満州を手中に収めることはありえず、「日英同盟」の復活をイギリスが試みるのは無益である、と断じていた（同前書、一〇二頁）。

このようなイギリス政府の「幣原外交」への失望自体は、翌二七（昭和二）年四月に成立した田中義一の政友会内閣の成立によって解消されたが、「田中外交」も「日英同盟」の復活とは別の方向をめざしていた。

三つの外交路線

田中義一内閣の成立を転機として、日本の外交路線は大きく三つに分かれるにいたった。原敬内閣以来の対米協調・中国内政不干渉の路線は、憲政会内閣の幣原外交に受け継がれ、その内閣の退陣以後も第一野党の民政党によって堅持されていた。一九二八（昭和三）年二月に田中内閣の下でおこなわれた最初の男子普通選挙では、民政党は与党政友会とほぼ拮抗する議席を獲得した。次の内閣は民政党内閣であり、その時には幣原外交が復活することは、日本国内だけではなく、日本外交に関心を持つ諸外国の外交筋にとっても、明らかであった。イギリスにとっても、日英同盟の再興による中国権益の共同防衛を安易に夢見るわけにはいかなかったのである。

第二の路線は田中外交で、イギリスの期待に一番近いものであった。ただ、「自主的外交」を謳ってワシントン体制に消極的な態度を明らかにした田中外交も、その主眼は満蒙権益の擁護にあり、蔣介石の「北伐」に対する武力行使も、この目的に限定されたものであった。中国南部の漢口や南京で「北伐」軍の標的となっていたイギリスと共同して中国の内政全般に干渉する気はなかったのである。

このことに気がついた時、イギリスは中国政策について日本と協力することを諦めたようである。中国への内政干渉を否定してきた幣原外交でも、満蒙権益までも放棄する気がなかったのと同じように、武力を行使しても満蒙を「北伐」から守るという田中外交も、中国本土まで軍隊を派遣してイギリスの特殊権益を支えてくれる様子は見えなかった。唯一の例外は、一九二七（昭和二）年五月の山東出兵であったが、それが満蒙権益の維持・拡大のためにすぎないことは、すぐに明らかになった。結局イギリスは日英同盟の復活は

木曜会の一員・永田鉄山（国会図書館蔵）

諦めて、田中の対中国強硬外交が中国国民の怒りをイギリスから日本に向け変えるのを期待するという傍観的な対日政策に切り替えたのである（クラウリー前掲論文、細谷・斎藤前掲書、一一〇～一一七頁）。

「自主外交」路線

田中外交の登場前後における日本では、幣原路線とも田中路線とも異なる、正真正銘の「自主外交」路線が登場してきた。陸軍の中堅将校のあいだに、その所属が陸軍省か参謀本部かを問わず、それを横断するような会合が組織され、そこで「満蒙領有」が決意されたのである。

一九二八（昭和三）年一二月調べの同会のメンバーは、一覧表の通りである。

この一覧表にある一八名が常時出席していたわけではないが、大佐三、中佐三、少佐九、大尉三という構成は、将官クラスとも青年将校とも明確に区別されたもので、しかも職務上の関係とは違う有志的な結合であった。また、有志的結合と言っても、政党内閣打倒とか軍部内閣樹立とかいう国内改造の議論を含まず、議題は広く言えば国防方針、具体的には満蒙政策に限られていたことも、この会合の特異な性格をなしている。

この会合で出席者の意見の一致を見た満蒙領有計画とは、アメリカやイギリスや中国の動向に左右されずに、日本だけの判断で遂行されるもので、幣原外交はもとより田中外交とも異なる第三の路線をめざすものであった。このことは、一九二八（昭和三）年三月一日（第一木曜日）の第五回会合で東条《とうじょう》英機《ひでき》により提案され決定されたつぎのような「判決」を一読すれば明らかになる。「日中親善」路線とも「日英同盟」路線とも異なる対外路線の登場として重要なので、決定と理由とを分けて引用しておきたい。

「判決。帝国自存の為、満蒙に完全なる政治的権力を確立するを要す。

これが為国軍の戦争準備は対露

木曜会会員名簿　1928年12月調べ

永田鉄山	大佐	歩兵第３連隊長
東条英機	大佐	陸軍省整備局課長
岡村寧次	大佐	参謀本部課長
関　亀治	中佐	陸軍省整備局課員
横山　勇	中佐	陸軍省整備局課員
石原莞爾	中佐	関東軍参謀
鈴木貞一	少佐	参謀本部作戦課員
坂西一良	少佐	陸軍大学校教官
根本　博	少佐	陸軍省軍務局課員（支那班）
澄田睞四郎	少佐	陸軍大学校教官
鈴木宗作	少佐	陸軍省軍務局課員
深山亀三郎	少佐	参謀本部要塞課員
土橋勇逸	少佐	支那駐屯軍司令部付
本郷義夫	少佐	参謀本部員
高島辰彦	大尉	陸軍省軍務局課員
村上啓作	少佐	参謀本部員
石井正美	大尉	参謀本部員
山岡道武	大尉	参謀本部付

出典：木戸日記研究会・日本近代史料研究会編『鈴木貞一氏談話速記録』下巻、388頁より作成。

戦争主体とし、対支戦争準備は大なる顧慮を要せず。

但し本戦争の場合において米国の参加を顧慮し、守勢的準備を必要とす」。

日本陸軍がロシアを仮想敵と定めたのは日露戦争後の一九〇七（明治四〇）年であるが、この「判決」が決定されたのは、それから二〇年以上も経った一九二八（昭和三）年のことである。中国の評価やアメリカの影響力の大きさなどには変化はなかったのであろうか。「判決」につづく「理由」を見ていこう。

「理由。わが国がその生存を完からしむる為には、満蒙に政治的権力を確立するを要す。これが為には、露の生存の為の海への政策との衝突を免るること能わず。

支那より得んとするものは物資なり。従ってこれが掩護の為の兵力は半年にて整備し得べく、彼の兵力は論ずるに足らず。殊に、支那が満蒙に対する観念は華外の地にして、必ずしも国力を賭〔賭〕して戦うことは無かるべし。

米の満蒙に対する慾求は生存上の絶対的要求にあらず。従って満蒙問題の為に日本と国力を賭〔賭〕するの戦争を行うことはなかるべし。しかれども欧州大戦参加などの歴史に照らし、〔近い将来の再度の〕日露戦争に参加することあるべきを予期せざるべからず。

すなわち、政略により努めて米の参戦を避くべきも、戦争準備としてはその参加をも顧慮して守勢的準備（作戦量は必ずしも守勢にあらず）を必要とすべし。

英は満蒙問題とは密接の関係にあるべきも、軍事的以外の方法により解決し得るの公算あるを以て、軍事的準備上は顧慮外とす」（『鈴木貞一氏談話速記録』下巻、三七九頁）。


青年将校とは違って陸軍の中間管理職に在る大佐、中佐、少佐の会合だけに、ソ連、中国、アメリカ、イギリスの利害や対応についての分析のうえに立った「満蒙領有論」である。この「理由」のなかでは曖昧な対英関係については、同日の会合で鈴木貞一が、「長江〔揚子江〕沿岸を代償として与うるなどの方法により、戦争を以て解決することは為さず、というに帰す」と説明している。中国を南北に分け、北部の満蒙は日本が、南部はイギリスが独占することで手を打つという方針である。

しかし、英米ソ中四国の一応の分析はあるにしても、その根本にあるのは、「帝国自存の為」、「わが国がその生存を完からしむる為」の必要であった。国際協調を軸とする「幣原外交」とも、対英協調を重視する「田中外交」とも異なる、第三の対外政策の登場と言っていいであろう。

日本帝国第一主義

「自存」は「自衛」の正反対の概念であり、それには拘束がない。日本が「自存」のため満蒙に「完全なる政治的権力を確立」しようとする時、そこが中国領土であることは考慮されない。日本と同じく「自存の為」満蒙を必要とするソ連とは、「戦争」する。日本と同じく「自存」の為に中国を必要とするイギリスとは、幸いに「自存」に必要とする中国の地域が異なるので、お互いに棲み分けて「自存」の必要を充たせばいい。ただ一つ、戦争参加に「自存」条件を必要としないアメリカ（この国は広大で資源も豊富なので、自国の外に「自存」の為に必要とする地域を持たない）だけには特別な配慮を要するが、この配慮が通じない場合には、これとも戦争できるように準備しておく。この路線はもはや「外交」とは言えないが、幣原外交や田中外交と比較のため「自存外交」と呼んでおこう。

この「自存外交」の最大の特徴は、多国間協定であろうと二国間条約であろうと、既存のいかなる協定や条約によっても拘束されないという点にある。「幣原外交」は第一次世界大戦後の新国際秩序樹立のためにアメリカ主導で創られたワシントン体制、とくに中国の領土と主権の尊重を定めた九ヵ国条約の遵守を大前提としていた。これに対し「田中外交」は、九ヵ国条約成立以前に日中の二国間で締結されたいわゆる二一ヵ条条約の方を重視するものであった。満蒙、すなわち南満州と東部内蒙古の租借権と満鉄および鉱山の敷設・経営権を、二〇〇〇年ごろまで（租借権は一九九七年、満鉄の敷設・経営権は二〇〇二年。もちろん一九四五年のポツダム宣言の受諾で失効）中国に認めさせた条約である。九ヵ国条約の精神と、それとは相反するそれまでの欧州列強と日本の既得権とのどちらに軸足を置くかが、「幣原外交」と「田中外交」の基本的相違だったのである。

幣原外交を「多国間協定主義」、田中外交を「二国間協定主義」と呼べば、「自存外交」は「無国間協定主義」であった。陸軍中堅将校たちがめざす「日本帝国」の維持・発展が唯一の基準であり、その妨げになる国々とは、弱国の場合には侵略し、強国の場合には戦争する、直接の妨げにならない国々とは、あるいは警戒し、あるいは棲み分ける、というもので、典型的な「日本帝国第一主義」であった。

「貧強日本」

満蒙権益は武力を行使しても守るという田中外交も、日本の経済力には自信を持っていた。日本の力で満蒙を開発するが、開発された資源を日本も購入することは当然のことと考えていたのである。幣原外交はもちろん、田中外交も、第一次大戦後の日本がアジアでは最大の「富国」であることを前提にしたものであった。

これに対し陸軍中堅の「自存外交」は、日本にはそのような資力はないという判断を前提にしていた。彼らは陸軍の要職にある大将、中将、少将クラスの腹を決めさせ、同時に国民の共感を得るためにスローガン（「モットー」）を作ろうと頭を絞ったが、そのなかで有力だったのは、「貧国日本」、「貧強日本」、「貧健日本」などであった。明治維新以来の「富国強兵」のうち「強兵」の方は実現しているが「資源」不足のため「富国」の方は達成されていない。「強兵」を使って「富国」を実現するために満蒙の「資源」を獲得する、これが彼らの「帝国自存」の内容だったのである。

なお、満蒙領有のスローガンを作ろうとした一二月六日の会合では、「貧強日本」の他にも「神国日本」も話頭にのぼったが、鈴木貞一は、「神様式なるも科学文明のために実証を経ざれば〔民衆は〕これを信ぜず」と反対している（同前書、三八三頁）。満州事変期の日本陸軍には、なおそれぐらいの合理性はあったようである。

満州事変と日中戦争それぞれの「自存外交」

昭和戦前期、あるいは一九三〇年代から四〇年代前半を表すものとして、「十五年戦争」という言葉がある。一九三一（昭和六）年九月の満州事変から一九四五（昭和二〇）年八月の敗戦までの「十四年間」をひとつながりの侵略戦争期として把える見方である。一九二八（昭和三）年末の陸軍中堅将校の「自存外交」は、この見方を支持しているようにも思える。

しかし、満州事変期と日中戦争期には、同じ「自存外交」にも、一つの大きな相違があった。イギリスとの関係である。この「自存外交」では、中国に対しては戦争準備もせず侵略し、ソ連とは本格的戦争を覚悟し、万一の場合を考えてアメリカとの戦争の準備はするが、イギリスには「長江沿岸を代償として与」えて棲み分けるつもりであった。

この点では陸軍中堅将校の「自存外交」は、陸軍上層部や外務省内強硬派の日英協調による満蒙確保の主張と共通点を持っていた。この会合の少し前に、中国公使館付武官の建《たて》川美次《かわよしつぐ》はイギリス大使館付武官に、イギリスとアメリカと日本で中国を三分することを提案していたからである。イギリスの駐在武官が、アメリカが同意しないのではないかと問うと、建川は、「何故われわれはいつもアメリカ人を恐れるのか」と問い返したという（クラウリー前掲論文、細谷・斎藤前掲書、一一九頁）。建川もアメリカが植民地をもたない国であることは知っていたであろうから、「南部中国をアメリカに」というのは、国民党との友好関係はアメリカに委せて、南京、上海、漢口をイギリスが、満蒙を日本が手にすることで日英両国が協調しようという提案であろう。

これらのことから明らかなように、木曜会に集った陸軍中堅将校の「自存外交」は、一見無謀の極に思われても、陸軍上層部や政友会の「田中外交」とは妥協不可能なものではなく、さらに言えば中国権益の維持に必死なイギリスの黙認すら期待できるものであった。一九三七（昭和一二）年七月にはじまる日中全面戦争で、日本軍が中国軍を追って南京から漢口へ、すなわちイギリスの中国権益の中枢部分へと侵攻していったのとは、大きく異なるものだったのである。日中全面戦争で、中国、ソ連、アメリカに加えてイギリスとも正面衝突した時、日本は真の意味で世界の孤児になっていく。

5　中国と戦争、イギリスと対決

二つの外交思想の否定

「南京虐殺」という言葉は、多くの人が眼にしたことがあるであろう。一九三七（昭和一二）年一二月一三日に日本軍が中国国民政府の首都南京を占領した後、多数の非戦闘員や捕虜を虐殺した事件である。四〇万人説と零人説は論外としても、その正確な数はわからない。保守派の論客として以上に、実証主義の歴史家として有名な秦郁彦氏は、四万人前後と推測している（『南京事件』二一四頁）。中国側や日本の進歩派言論界の四〇万人、三〇万人という誇大の数字を退けつつも、同氏が一九八六年版の「あとがき」で、「数字の幅に諸論があるとはいえ、南京で日本軍による大量の『虐殺』と各種の非行事件が起きたことは動かせぬ事実であり、筆者も同じ日本人の一人として、中国国民に心からお詫びしたい。そして、この認識なしに、今後の日中友好はありえない、と確信する」、と記していることは重要である（同書、二四四頁）。

しかし、本書での問題は虐殺の有無や規模ではない。南京は蔣介石率いる国民政府の首都であったと同時に、イギリスの勢力範囲でもあった。首都を奪われた中国政府と国民の憤りは満州事変の時の比ではなかった。日本近代史では翌年一月の近衛《このえ》文麿《ふみまろ》首相の「爾後国民政府を対手とせず」という声明が有名であるが、それは蔣介石の方の台詞であった。しかも国民政府軍を追って南京から漢口へと進軍するにつれ、日本軍はイギリスの勢力圏をさらに侵蝕していく。

このような事態は、単に日中戦争期を満州事変期から区別するだけではなかった。それは明治以来の日本外交の背景にあった二つの相異なる思想のどちらをも否定するものであった。

成り立たないアジア主義

すでに見てきたように、欧米文明の流入から日本の伝統文化を守れという「日本主義」は、一八九四、九五(明治二七、二八)年の日清戦争以後は姿を消した。台湾、朝鮮、満州へと膨張をつづける日本を、富士山の美姿で養われた日本文化で肯定することは、自己欺瞞の限度を超えていたからである。

これに対し、日本が盟主となってアジアを欧米列強の侵略から守るというアジア主義の自己欺瞞の方は、一九三一(昭和六)年の満州事変までは、存続できた。一九一一(明治四四)年の孫文らによる辛亥革命が「排満興漢」をスローガンとしたように、満州は中国を侵略して支配してきた清王朝の母国だったからである。辛亥革命に際して孫文らを支援した日本のアジア主義者たちは、その代償として満州支配を認めてもらうつもりであった。しかし、孫文の後を継いで満蒙以外の中国を統一した蔣介石政権の首都南京を占領することは、日本のアジア主義者の自己欺瞞の限度を超える事態であった。アジアの盟主がアジアを侵略しては、アジア主義は成り立たないからである。

小川平吉と宇垣一成

一九〇四、〇五(明治三七、三八)年の日露戦争前からのアジア主義者だった政友会の小川平吉にとっては、中国と全面戦争に突入することも、蔣介石政権を否認することも、まったく理解できなかった。かつて東亜同文会や国民同盟会で会頭の近衛篤麿を支えた彼には、その子の近衛文麿が総理大臣となって「国民政府を対手とせず」と宣言する事態は、想定外のことであった。彼は蘆溝橋事件の勃発直後から「度々近公〔近衛文麿〕と談議し、帰郷〔長野県〕以後も書面および電話にて時々意見を交換」したという（『小川平吉関係文書』第二巻、三四三頁）。

その時以来、小川をはじめとする明治以来の「支那通」は、山東省と山西省を最南点とするいわゆる華北五省で兵を止めるという主張であった。彼らはさらに南下して国民政府の首都南京に兵を進めようとする上海派遣軍（後に中支那方面軍、司令官松井《まつい》石根《いわね》大将）を抑えようと、近衛首相や宇垣一成前朝鮮総督に働きかけていた。

憲政会・民政党内閣の幣原外交を支えた宇垣は、幣原のような親米主義者

近衛文麿（1938年、第73議会）

ではなく、日本と同じく中国に特殊権益を持つイギリスとの協調を重視する点では、本書の基本的対立軸では「日英同盟」派に属する軍人であった。他方、小川平吉ら「アジア主義者」は、孫文や蔣介石による満蒙を除く中国の統一を支持してきた点では、本章のもう一つの対立軸をなす「日中親善」論者で、「日英同盟」論者のような「脱亜」主義者ではなかった。しかし、日本陸軍（とくに現地軍）の南京総攻撃は、日英対立の回避をめざす宇垣らと蔣介石政権の存続を願う小川らとを結びつけたのである。

南京占領と戦争目的

日中戦争勃発後まもなく、小川はアジア主義の先輩川島浪速《かわしまなにわ》に宛てた手紙のなかで、近衛首相と頻繁に意見を交換していることを報じると同時に、宇垣についてつぎのように記している。

「宇垣の考はいまだ聞かず。今日は引込んで沈黙を守り居るごとし。小生も熟知の間柄なる故、帰京後に一度面会する考なり。材幹は十分ならん。略もあるが、軍人との折合い如何」（『小川平吉関係文書』第二巻、三四三頁）。

さらに小川は同じ手紙のなかで、「小生帰京の後、おいおい支那問題の有志と屢々会合をも致す考なり」とも記している。

これらのことを前提にすれば、小川が南京総攻撃の直前の一一月二一日に起草した「媾和交渉開始卑見」と題する意見書は、近衛首相や宇垣一成などの政界有力者と民間の「支那問題の有志」に配られたものであると推測できる。

この意見書で小川が強調したのは、国民政府の首都南京を占領すれば、日本の戦争目的は達成されるはずだという点と、講和の相手は蔣介石以外にあり得ないという点の二点であった。最初の点について彼はつぎのように記している。

「今日までの戦闘にてわが自衛権はすでに確保せられたりというべく、また、首都の陥落と全支那の軍隊に与えたる痛撃とは、精神的にも物質的にも、すでに膺懲《ようちよう》の実を挙げ得たりと云うべし」（同前書、三四三頁）。

小川のこの指摘は、宣戦布告なしの南京侵攻の根拠が薄弱なことを指摘したものとして重要である。

日中両軍衝突の約一ヵ月後の八月一五日の日本政府の声明は、つぎのようなものであった。

「支那側が帝国を軽侮し、不法暴虐至らざるなく、全支にわたる我が居留民の生命財産危殆に陥るにおよんでは、帝国としては最早隠忍その限度に達し、支那軍の暴戻を膺懲し以て南京政府の反省を促す為、今や断乎たる措置をとるのやむなきに至れり」

（『日本外交年表並主要文書』下巻、三七〇頁）。

小川の指摘通り、居留民の自衛と中国軍の暴戻の膺懲と蔣介石政権の「反省」ぐらいしか、日本の武力行使の根拠はなかったのである。「南京政府」の首都南京を占領すれば「南京政府の反省を促す」には十分であるとする小川の主張は、的を射たものだったのである。

講和の相手

第二点の講和の相手は蔣介石以外あり得ないという主張は、近衛内閣の有名な「国民政府を対手とせず」声明（一九三八〈昭和一三〉年一月一六日）の約二ヵ月前に書かれたものであることが重要である。近衛と意見交換をつづけてきた小川には、近衛が陸軍中央や現地軍からそのような主張を迫られていたことを知っていたのであろう。小川はつぎのように論じている。

「媾和の対手は支那政府の主権者ならば誰人にても可なり。理由。媾和の先決問題として、先ず蔣介石の責任を正し、これを罷免すべしと論ずる者少なからず。これ一理あるの議なり（中略）。然れども、これは膺懲の実いまだ挙らざる以前に在りて言うべき事なり。今膺懲の実すでに挙り、彼の計劃はすべて失敗して窮境に陥り、勝者たる我の言に聴かんと欲せば、我もまた彼れの言う所を聞て可なるにあらずや。媾和の対手は戦争の責任者たること、古来一般の通例なり。彼は実に今日支那の主権者たるの名義と実力とを有するものなり」（『小川平吉関係文書』第二巻、三四四頁）。

正当性の弱い日中戦争は、南京陥落を最後として国民政府の最高責任者である蔣介石とのあいだで講和して終わらせるべきであるというのである。小川はこの意見書についてアジア主義者の最長老の頭山満《とうやまみつる》の賛同を得た後に印刷し、その一部を近衛首相に手渡している。すなわち、「十一月十八日夜進言且つ協議。二十一日起草。二十四日招宴の際、頭山翁と相談。翁熱心賛成。二十六日（首相西下の日）朝、首相に一通交付。二十七日頭山翁に一通交付」と（同前書、三四五頁）。

気になるのは冒頭の「十一月十八日夜進言且つ協議」の一文である。「進言」や「協議」の相手は、近衛首相のようにも読めるが、断定はできない。

小川の主張通りに南京陥落で兵を停め、蔣介石とのあいだに講和を結んでいれば、その後の中国官民あげての抗日民族戦争に引き込まれるのを避けられたであろうし、南京以南のイギリスの勢力圏に脅威を与えることもなかったであろう。中国とイギリスを同時に相手にする戦争の行きつく先が、対英米中戦争、すなわち太平洋戦争だったことは、今日のわれわれはよく知っている。

大アジア主義者・松井石根

このような「アジア主義者」の期待を打ち壊したのは、「大アジア主義」とか「汎アジア主義」とか呼ばれる新しいナショナリズムであり、中支那方面軍を率いて南京を陥落させた松井石根司令官は、その中心人物であった。

「大」とか「汎」とかを冠しているが、それは中国を含みえないという点で、従来の「アジア主義」とは異質な思潮であった。それはむしろ前節でやや詳しく紹介した陸軍中堅将校の「帝国自存主義」に近いものであった。それが「アジア主義」を名乗る根拠は、イギリスの植民地支配からアジア諸国を解放するという一点にあった。

イギリスの植民地支配からアジア諸国を解放するという理屈は、日中戦争自体にも使われていた。南京総攻撃の約一ヵ月前の一一月一九日に松井司令官は中国駐在イタリア大使に南京だけでなく漢口まで行くつもりであると述べたうえで、「われわれの敵は決して支那ではない、あなた方とともに支那の向うに隠れている大きなものと戦わねばならない」と語ったと言う（松浦正孝『「大東亜戦争」はなぜ起きたのか』、六〇六頁より再引用）。蔣介石軍を追って南京、漢口と南下するのだから、「支那の向うに隠れている大きなもの」がイギリスを指すことは明らかであろう。中支那方面軍司令官にとっては、最初から日中戦争は日英戦争だったのである。

南京に入城する松井石根（1937年。朝日新聞社提供）

「解放のための聖戦」

このような日中・日英戦争の松井にとっての正当性は、真のアジアの復興にあった。松浦氏の研究によれば、南京陥落一周年を記念して一九三八（昭和一三）年一二月一三日に日比谷公園で開かれた講演会で、松井はつぎのように述べている。

「今次の事変は、（中略）その本質を歴史的意義より見て、決して中日両国の国民的戦争にあらずして、東洋文化の再建、亜細亜的亜細亜建設のための聖戦に外ならないのであります。過去三世紀に亘《わた》って亜細亜に扶植せられ来った非亜細亜的政治勢力、非亜細亜的経済勢力、更に最も根本的には非亜細亜的思想勢力、非亜細亜的文化勢力より亜細亜民族を解放し、東洋的精神文化の基礎の上に新しき亜細亜的体制を建設せんが為の義戦なのであります」（松浦前掲書、七三八頁より再引用）。

この短い引用文のなかに、「非亜細亜」も含めて「亜細亜的」という言葉が六回、「東洋文化」も含めて「東洋的」という言葉が二回出てくる。そしてこの観点から「蔣介石政権と国民党の組織」は、この「非亜細亜的勢力」の「傀儡」であり、その容共的政策は「国際共産党の東亜に対する思想侵略」を「誘導し助長」するものである。一言で言えば蔣介石政権はイギリスの手先であり、その手先として、一方では中国国民を苦しめ、他方ではソ連共産主義の浸透を助けているのである。こうして松井は、南京につづいて漢口を占領した日本の軍事行動が中国国民をイギリス帝国主義の支配から解放するための「聖戦」である、と位置づけるのである。

大東亜共栄圏の核へ

このような松井の主張は、当時の中国の現状に照らせば、ほとんど夢想に近い。「蔣介石政権と国民党の組織」を敵として親日の傀儡政権を作ってみても、それは国民党と共産党の影響下にある軍隊と反日ゲリラに包囲されて身動きできないであろう。松井と正反対に蔣介石政権の承認とそれとの和平を説きつづけてきたアジア主義者小川平吉の方が、はるかに現実主義的であった。

しかし、現実主義的な提案は現実の展開によって挫折が明らかになりやすいのに対し、夢想的なそれは簡単には挫折しない。

「過去三世紀」にわたってアジアを支配してきた欧米勢力をアジアから追い出して再建される「東洋的精神文化」にもとづく「亜細亜的体制」とは何なのか、おそらくは演説している松井にもわかってはいなかったであろう。

一九三三(昭和八)年に松井らが中心になって創立した大亜細亜協会は、日中戦争が泥沼化すると、イギリス帝国主義から植民地を解放するとして、その対象を東南アジアからインド、さらには中東まで拡げていき、太平洋戦争の中心的思想である「大東亜共栄圏」の核となっていく。すでに紹介した松浦正孝『「大東亜戦争」はなぜ起きたのか』は、その経緯を詳細に実証した研究である。

勝ち目のない戦争へ

日中戦争と対英戦争を一つのセットにした「大アジア主義」は、「日英同盟」論と「日中親善」論との対立を中心に近代日本の対外政策を描いてきた本章の射程範囲を超える新事態である。一八五三（嘉永六）年の「開国」から一九三七（昭和一二）年にいたる八四年間の近代日本の対外政策の基本枠組は、一九三七年一二月の南京占領から一九四五（昭和二〇）年八月の敗戦までの約八年間の日本から姿を消したのである。

幕末の「攘夷論」や、第一節で検討した明治中期の「日本主義」も、具体的な歴史上の根拠を欠いた「伝統」を欧米列強から守ろうとする点では、松井石根の「大アジア主義」と共通点を持っていた。

しかし、旧著『西郷隆盛と明治維新』（講談社現代新書）で明らかにしたように、幕末・維新期の指導者たちは、「攘夷論」を抑えて欧米モデルの明治国家を建設した。また明治中期の為政者たちも、「日本主義」を抑えてイギリスとの協調関係を逆に強化した。しかし、一九三七（昭和一二）年七月の日中戦争勃発以後の日本の為政者は、松井らの「大アジア主義」に追い立てられるように、イギリスとの対立を深め、ついにはその背後にあるアメリカとの、勝ち目のない戦争に突入していったのである。

第二章　「民力休養」か「格差是正」か

はじめに——緊縮財政が増大させた失業者

世界大恐慌といえば、まず思い浮かぶのは一九二九（昭和四）年という年であろう。この年の一〇月二四日にまずアメリカで起こった恐慌は、世界各国に波及し、経済だけではなく、社会や政治に大きな混乱を惹き起こした。

その一〇月二四日から約一ヵ月後の一一月二一日に、民政党を与党とする浜口雄幸内閣は大蔵省令を発令して、翌年一月に「金解禁」を断行した。「金解禁」とは、日本では一九一七（大正六）年に禁止した円と金との直接交換を「解禁」するという意味で、欧米諸国の後を追って日本も金本位制に復帰したのである。

金本位制に戻すためにはその前に円の価値を高めておかなければならない。浜口内閣はそのために財政緊縮をおこなった。当然のことながら景気は一旦は悪化する。そのような時に、アメリカ発の世界恐慌が起こったのである。当然景気はさらに悪化し、失業が深刻な社会問題となってきた。それでも民政党内閣は緊縮財政を貫いた。日本経済の健全化のためには失業者の急増もやむを得ない、と考えていたのである。総合雑誌『改造』の一九三〇（昭和五）年七月号には、「失業問題討論会」と題する座談会が掲載されているが、そのなかで民政党内閣の大蔵大臣井上準之助《いのうえじゅんのすけ》は、つぎのように述べている。

「ごく簡単に言いますと、大正九〔一九二〇〕年の財界反動後に日本の仕事というものは段々と縮小されて来て、（中略）そればかりでも当然に失業者というものは出て来たのであるが、現政府はこれまでの放漫なる財政計画を更《か》えようと、こういうことで、昭和四年度〔一九二九年度〕に四億円、昭和五年度に五億円という金を中央地方を通じて使うことを止めた。その結果、すなわち仕事が減った結果、また当然に失業者が出て来て居る。それから、昨年の十一月くらいから、世界を通じた不景気が来て、日本にその結果が現われた。（中略）そういう風な事の為に、日本では失業者が出て来て居る」（『改造』第一二巻、第七号、傍点筆者）。

自分の内閣の財政緊縮により失業者が増え、それにつづく世界恐慌でさらに失業者が増大したことを、何の反省もなく、淡々と説明しているのである。

失業問題に関心を示さない日本のリベラル政党

財政当局者の驕りに響く井上蔵相の発言の背後には、この年（一九三〇年）二月二〇日の総選挙での与党民政党の大勝があった。

金解禁実施当日の井上準之助

男子普通選挙制になり有権者が約三〇〇〇万人から約一二〇〇万人に九〇〇〇万人も増えてから二度目に当たるこの総選挙で、前に井上蔵相自身が述べたような財政緊縮を断行した与党民政党は、約一〇四五万票の有効投票のうち約五四七万票を獲得したのである。これに対し当時無産政党と総称された社会民衆党、日本大衆党（日本労農党は一九二八年一二月に解党）、労農党（労働農民党は一九二八年四月に解散命令）の合法社会主義三党は、合計約五一万七〇〇〇票を獲得しただけであった。当時の労働者総数は約三六〇万人であるが、その何割が二五歳以上という年齢制限をクリアできたのかはわからない。しかし、それにしても五二万弱という獲得票数は少なすぎる。失業者が増加をつづけるなかで、合法社会主義政党は、民政党の一〇分の一も得票できなかったのである。

浜口雄幸の民政党内閣は、戦前日本ではもっとも平和主義的で民主主義的な内閣であった。第一章で明らかにしたように、この内閣は満州事変の拡大を抑えるために全力を尽くした。また今問題にしている普通選挙は、この民政党の前身である憲政会の内閣の下で制度化されている。その内閣が失業問題にはまったく手を着けようとしなかったのは何故であろうか。また、そのような内閣を労働者も含めた国民の過半数が支持したのは何故であろうか。一言でいえば、戦前日本のリベラル政党が失業問題という社会的格差の問題にまったく関心を示さず、その政党を国民の過半数が支持したのは、何故であろうか。

これまで発表した著作のなかで筆者は、一九二五（大正一四）年の男子普通選挙制の制定を最後に、「平等」化という課題を忘れてしまった憲政会・民政党を、時代遅れのリベラル政党として批判的に叙述してきた（『日本政治「失敗」の研究』講談社学術文庫、『〈階級〉の日本近代史』講談社選書メチエ）。ロシアでは社会主義革命が成功し、イギリスでは自由党に代わって労働党が二大政党の一翼を担っていた時に、日本では失業問題に無関心なリベラル政党が総選挙で圧勝するという事態が、あまりにも時代遅れに思えたのである。

合法社会主義政党の微力

しかし、「格差是正」の先頭に立つべき合法社会主義政党の立場は、景気回復を掲げる保守政党政友会の下で二年後の一九三二（昭和七）年二月におこなわれた総選挙で、さらに悪化した。この総選挙で合法社会主義政党が獲得したのは、前回の約半分の二六万票にすぎなかったのである。当時の労働者と小作農の総数は約四六〇万人であるが、彼らの投票率も全体の投票率（約七三パーセント）と大差なかったとすれば、およそ三三六万人が投票したことになる。三三六万人中の二六万人（約七・七パーセント）しか、社会主義政党に投票しなかったのである。

この総選挙で、金本位制度からの再離脱を断行して伝統の「積極財政」を訴えた政友会が圧勝したことはよく知られている。注目すべきは、この選挙での政友会の総得票が約五六八万票で、二年前の選挙での民政党の総得票が約五四七万票だったことである。両者の差は二一万票にすぎず、ともに有効投票の過半数である。日本国民の半数は、二年前には緊縮財政の民政党に、今回は積極財政の政友会に投票しているのである。

一九三二（昭和七）年の総選挙で政友会は、「景気が好きか、不景気が好きか。働きたいか、失業したいか」を問うて大勝した。しかし、労働組合法や失業保険法の制定には反対であった。ただ、「積極財政」で景気が回復すれば失業は減少すると説いたにすぎないのである。反対に、その二年前の選挙で大勝した時の民政党は、労働組合法の制定には前向きであったが、その健全財政論の立場から失業問題には無関心であった。保守党が勝とうとリベラル政党が勝とうと、今日の言葉で言う「格差の是正」には、まったく手が打たれていないのである。それなのに、労働者や小作農のなかで新興の合法社会主義政党に投票したものは、一握りにすぎなかった。二五歳以上の男性のすべてに投票権が与えられたのにもかかわらずである。

男子普通選挙制の下での正常な総選挙は、この一九三二(昭和七)年選挙の後でも、三六(昭和一一)年と三七(昭和一二)年に二度おこなわれた。この二回の総選挙は、リベラル政党の勢力回復と合法社会主義政党の躍進の二点で注目に値するものであった。しかし、この二回の総選挙の時には、選挙で勝利した政党が政権に就く可能性はなくなっていた。一九三二年の五・一五事件が政党内閣時代を終わらせ、三六年の二・二六事件がその復活の可能性を奪ったことは、よく知られている。男子限定ながら一応国民のすべてが投票権を持ち、その総選挙の結果が政権を左右した経験は、一九二八(昭和三)年と三〇(昭和五)年と三二年の三回だけである。

ちなみに、ここでは触れなかった一九二八(昭和三)年の普通選挙制下での最初の総選挙でも、「商工立国」をかかげる政友会と健全財政の民政党とが票を分け、合法社会主義政党は第一党の民政党の約一一パーセントの四六万三〇〇〇票を得たにすぎなかった。

一九三六(昭和一一)年と三七(昭和一二)年の総選挙については本章の最後で検討するが、保守党が積極財政でリベラル政党が健全財政で、「格差是正」の先頭に立つべき合法社会主義政党が微力であるという基本構図は大きく変わらなかった。

なぜ日本のリベラルは「小さな政府」にこだわったのか

第一章では、戦前日本の対外政策の歴史を「日英同盟」論と「日中親善」論の対立を軸に分析してきた。本章では、ほぼ同じ時期の国内政治の歴史を、積極財政と健全財政と格差是正の三者関係を軸に分析していきたい。ただ、積極財政を唱える保守政党が「格差是正」に無関心なのはむしろ当然なのに対し、リベラル政党が健全財政論に固執して「格差是正」に背を向けつづけたのは、決して当然のことではない。リベラル政党が軸足を社会の下層に移して、「格差是正」のための積極財政に転換した例は、欧米先進国にはいくつもあったからである。日本のリベラルが何時までも「小さな政府」にこだわったことの方が、むしろ不思議なのである。

このような観点から、本章では戦前日本のリベラル政党の「格差」への無関心の解明に的を絞りたい。対外政策同様に歴史上の用語で表現すれば、政友会の積極財政が明治政府の「富国強兵」の系譜に属するのに対し、民政党の緊縮財政は議会開設直後の「民党」(自由党と立憲改進党)の「政費節減・民力休養」論の流れを汲むものである。本章の表題を「『民力休養』か『格差是正』か」としたゆえんである。

1 「民力休養」論の登場

国会開設と地租軽減

「民力休養」論の具体的内容である土地持ち農民が納める「地租」(耕作農地の公定価格の二・五パーセント)を軽減せよという主張が在野勢力の統一要求となったのは、おそらく一八八七(明治二〇)年の「大同団結運動」においてであった。それ以前の、一八七四(明治七)年にはじまり、一八八四(明治一七)年に終焉する自由民権運動は、「地租」を納入する者の声を国政に反映させるために国会を開設せよという運動ではあったが、その「地租」自体を軽減せよという主張は、仮にあったとしても傍流にすぎなかった(自由民権運動中には「地租軽減」要求は存在しなかったとまで断言する自信はない)。

自由民権運動史研究のなかでは「豪農民権」とか「農民民権」という言葉がよく出てくる。一八八〇(明治一三)年に結成された国会期成同盟のなかで、士族中心のそれまでの運動に自作農や農村地主が多数参加してきたことを指す言葉である。当時は所得税はなく、地租だけが直接税だったから、農民の自由民権運動への参加は同運動の納税者参政権論に正当性を付与するものであった。しかし、参加した農民たちは、税金を納めているのだから国政に参加させろとは主張しても、開かれた国会で地租を軽減せよとまでは主張しなかったのである。一八八〇年当時の自作農や地主は、地租負担が重いとは思っていなかったからである。

一八七三（明治六）年に布告された条例によって決まった地租改正は、実際に農地の収穫高と農作物の品質を測定して法定地価を定め、当初はその三パーセント、一八七七（明治一〇）年以後は、その二・五パーセントを地租として納入させるもので、物納ではなく金納であった。法定地価は固定されており、金納なので、農民の納税額もその二・五パーセントで固定されていた。政府としては、農産物価格の変動で唯一の税収が増減しては困るから、やむを得ない決定であった。

西郷隆盛《さいごうたかもり》を中心とする鹿児島士族の反乱を予知した政府は、地租改正に反対する農民の呼応を防ぐため、一八七七（明治一〇）年一月に地租率を三パーセントから二・五パーセントに引き下げた。〇・五パーセントの引き下げというとたいしたことはないと思いがちであるが、減税率で言えば三分の〇・五、すなわち六分の一、一六・六パーセント強の減税である。

それに加えて、明治維新の英雄西郷隆盛の反乱鎮圧のため政府が四二〇〇万円余の不換紙幣を発行したためインフレが起こり、農産物の中心であった米の値段は、反乱前の一八七六（明治九）年からインフレの頂点の一八八〇（明治一三）年までの四年間に約二倍に急騰している。

農産物価格が二倍になっているのに地租は変わらないのだから、一八八〇年の国会開設請願運動に参加した土地持ち農民（小作農を除く自作農と地主）の地租負担は実質的には半減しており、彼らは「地租軽減」などは求めていなかった。国民の声を政治に反映するために国会を開設せよとだけ、彼らは要求していたのである。

自由民権運動の中心にあった自由党に参加した農民のあいだから、地租軽減問題を党大会で採り上げるよう要望があったのは、一八八四（明治一七）年三月のことであった。政府が西南戦争インフレの抑制に本格的に取り組みはじめたため、高騰をつづけてきた農産物価格が急落し、農民の地租負担が実質的に増加してきたことが、背景にあった。これに対し自由党総理の板垣退助《いたがきたいすけ》は、「元来減租〔地租の軽減〕のことはその地方有志の特に尽力するところにて、敢えて自由党が為すと云うにあらず。故にこの席において論談するは不可ならん」と答えている（『自由民権機密探偵史料集』、三二四頁）。自由党が行き詰まって解党するのはこの年の一〇月末であるが、その時までは「地租軽減」は同党の基本方針とはなっていなかったのである。

にわか仕込みの地租軽減論

自由民権運動の後継者たちが「地租軽減」を主要政策の一つに掲げたのは、この三年半のちに起こった大同団結運動においてである。一八八七(明治二〇)年一〇月から一二月にかけて、三年後に開設される国会に備えて、解党後の自由党が再結集をはかり、そこに他の勢力も加わって、小異を捨てて大同につくための「大同団結運動」が盛んになった。その際に「大同」の共通要求となったのが「三大事件」である。ここでいう「事件」とは「事柄」の意味で、具体的には、欧米との真に対等な条約改正、言論・集会の自由、地租の軽減、である。注目すべきは、この運動に参加した高知県総代が起草した建白書では、地租の軽減が三大要求の筆頭に置かれていた点である。すなわち、「第一、某等《ぼうら》が政府に要《もと》むべきものは、租税徴収を軽減するに在るなり」と(大津淳一郎『大日本憲政史』第三巻、三二一頁)。言うまでもなく高知県は自由民権運動の総本山であり、その中心は板垣退助であった。この三年半前の一八八四(明治一七)年三月の自由党大会では、その板垣が地租問題を大会の議題にすること自体を拒んでいた。松方《まつかた》デフレの名で知られる緊縮財政の下で農民の困窮が深刻化して、運動の指導部に方向転換を迫った結果であろう。

しかし、にわか仕込みの地租軽減論は、とくにその財源論が未熟だった。単に官庁経費や官吏の数や俸給のムダを減らすだけではなく、陸海軍事費を含めたあらゆる経費の削減を求めたもので、現実味を欠くものであった。なかでも、常備軍を廃して「人民をして自らその国土を守らしめば、その費少くしてその功大なり」（同前書、三三頁）という主張は、明治維新前後の土佐藩兵時代ならばともかく、それから約二〇年後の一八八七（明治二〇）年に通用するものではなかった。

大同団結運動の急進派と穏健派

星亨（国会図書館蔵）

それればかりではなく、「三大事件」中の地租の軽減と言論・集会の自由の要求は、運動の途中で高知県の旧自由党支部の要求で加えられたもので、星亨《ほしとおる》を中心とする関東グループが建白運動を起こした時には、すでに第一章で触れた条約改正反対一本に絞られていた（寺崎修「反体制野党から体制内野党へ」。坂野潤治ほか編『シリーズ日本近現代史』第二巻所収、一二二頁）。「三大事件」

建白運動を起こした大同団結運動内の急進派は、当初は内政問題には関心を持っていなかったのである。

大同団結運動には、旧自由党系とは異なり、国会開設に備えて政治体制構想と具体的な政策を提唱したいという現実主義派も加わっていた。というよりは、「大同団結運動」自体は、この新興の現実主義勢力の提唱に、旧自由党勢力が加わるかたちではじまったと言っていい。現実主義勢力のグループは明治維新の実現に土佐藩において板垣退助と並ぶ功績のあった後藤象二郎を最高指導者に迎え、責任内閣制と豪農（大地主）中心主義とを強調した。三大事件建白派を急進派、大同団結派を穏健派と区別することもできる。

地方から三大事件建白書を携えて上京し、元老院や太政官の門前に押しかける急進派を、明治政府は東京から追い払った。一八八七（明治二〇）年一二月二五日に公布された保安条例によって彼ら四五一名に、一年から三年、皇居から三里（約一二キロ）以内への立ち入りを禁止したのである。

急進派が保安条例で活動を制限されているあいだは、穏健派が大同団結運動の主導権を握った。

豪農豪商たちの運動

この運動はその中心を「家に豊富の資財を有せざる旧藩士族子弟」から、「巨万の資産を有する豪農豪商」に切り替えた点で有名である（機関誌『政論』第八号、一〇〜一四頁、一八八八年九月二二日）。しかし、運動支持者の実態だけならば、一八八〇、八一（明治一三、一四）年の自由民権運動の全盛時にも、多くの「豪農豪商」が参加していた。ただ、貧乏士族を軽蔑し、豪農豪商を尊重するようなことはなかった。この両者は一緒になって、藩閥政府に国会の開設を要求したのである。

しかし、一八八八（明治二一）年の大同団結運動で運動の対象が「豪農豪商」に絞られると、「地租の軽減」要求は一挙に現実味を増してきた。

後藤象二郎を中心とするグループは、七月五日に東京を出発して長野を経由して日本海側の富山、新潟、山形、秋田で演説会を開き、青森に到ると今度は太平洋側を岩手、宮城、福島と下り、八月二二日に東京に戻っている。「地租軽減」に関心の高い米所の北陸、東北各県を歴訪したのである。西日本よりは涼しいとはいえ夏の真っ最中であり、東北本線すらまだ全通していない時の一ヵ月半におよぶ遊説旅行である。前年末の「三大事件建白運動」では真冬にかけて諸県の急進派の結社代表が上京し、その約半年後には今度は穏健派の指導者が真夏に地方に遊説しているのである。主張は異なっていても、両派の国会開設にかける情熱の強さには、あらためて注目しておきたい。

後藤象二郎（国会図書館蔵）

「地租軽減」と「責任内閣」

しかし、ここでは両派の相違の方に眼を向けたい。その第一は、すでに記した「地租軽減」要求の定着である。一例を七月二四日の山形市における後藤の演説に見てみよう。彼はつぎのように述べている。

「政府の徴収する正租の総額は七千万（円）にして、決して人民の力に負担し得べき所にあらず。如何となれば明治十八年の徴収により公売処分を受け身代限り〔破産〕を為す者多く、一年毎に流離する者平均四十万人の多きに及ばんとす」（『自由党史』下巻、三五五頁）。

年間四〇万人の離散という数字は、一家四人、一〇万戸の破産という計算であろう。そこから彼は運動の要求をつぎのように具体化している。

「租税は成る丈け節倹し、少しくも現額の三分の一、もしくは半分を減ずる目的なり。しかして国会議場に登る議員は責任内閣を主張するは勿論、租税の如きも不当の予算案は断然これを拒絶〔すべきなり〕」（同前書、三六一頁）。

ここに「地租軽減」とならべて強調されている「責任内閣」の要求は、前年の「三大事件建白」には含まれていなかった。議会に責任を持つ内閣、すなわち政党内閣樹立の要求が新たに加わったのである。

「民力の休養を謀る」

「富国強兵」を「国是」とまで言い切っていた明治政府は「地租の軽減」に反対し、それを要求する政党から「超然」としている内閣（「超然内閣」）を、議会開設後にも維持することを明言していた（拙著『明治憲法体制の確立』東京大学出版会）。後藤象二郎が地方遊説をおこなった時点では「超然内閣」という言葉はまだ使われていなかったから（言葉の登場は約半年後の一八八九〈明治二二〉年二月）、この点では大同団結運動の方が先手を打ったことになる。

しかし、基本政策のスローガン化では、まだ藩閥政府の方に分があった。「富国強兵」

がかなり普遍的な標語であったのに、それに対置するのに「地租軽減」では、あまりに個別的だったからである。運動の側がこの弱点を克服したのは、最初の衆議院選挙の二ヵ月ぐらい前のことであった。後藤象二郎の大同団結運動の継承者である大同倶楽部が一八九〇（明治二三）年五月四日の大会において、その五大政綱の一つに、「財政を整理して民力の休養を謀ること」を決定したのである（大津淳一郎『大日本憲政史』第三巻、三九四頁）。急進派の「三大事件建白運動」の再興である「自由党」が二月二三日の会議で決定した「党議」が、二二項目の羅列に終わっていること（同書、三八九〜三九一頁）を考慮すれば、その後の日本のリベラル派の伝統的政策となる財政の整理と「民力の休養」は、この大同倶楽部の大会で誕生したと言っていいであろう。「地租の軽減」という土地持ち農民（小作農は地租を納めない代わりに高額の小作料を地主に払っていた）限りの要求が、より一般的な「民力の休養」という表現に改められたことは、政治の世界においては大きな意義を持っていたと、筆者は考えている。

一八九〇（明治二三）年の議会開設を前にして形成された、政治体制論における「超然内閣」と「責任内閣」、基本政策における「富国強兵」と「民力休養」とが、その約四〇年後の一九三〇年代初頭にいたる近代日本における「内政」の基本的な対立軸であったことは、これまでのいくつかの著作で筆者が明らかにしてきたとおりである。

2 「民力休養」の弱味、「政費節減」の強味

「細民のみ益々重税に苦しむ」

前節で見たように、自由民権運動のなかでは相手にされなかった「地租軽減」論は、議会開設を目前に控えた大同団結運動のなかで運動の中心的な要求の一つになり、ついで「財政を整理して民力の休養を謀ること」と、より一般的なかたちで表現されることになった。

しかし、一八九〇（明治二三）年末に実際に議会が開かれると、このセットにはいろいろな問題があることが明らかになってきた。

第一に、「地租軽減」は土地持ち農民にしか利益をもたらさないから、国民全体の「民力の休養」にはならないことが、批判の対象になってきた。この批判は、藩閥政府の「富国強兵」政策を支持する少数与党の国民協会から出てきた。地租の軽減は農村地主の国税を引き下げるだけでなく、地方税における地租割も下げられるので、「地主は二重にその

負担を減」ずる。地租割を減らされた県庁は、小作農も払う「戸数割」や零細商工業者が払う「営業税」で穴埋めするから、「細民のみ益々重税に苦しむ」ことになる、というのである（『中央新聞』、一八九三年六月二九日号）。

このような政府支持の政党からの批判に敏感に反応したのは、元来「地租の軽減」などには無関心だった旧民権派の指導者だった。一八八〇（明治一三）年前後の国会開設運動では最左派の理論家であった植木枝盛《うえきえもり》は、「地租の軽減」だけに熱中する自由党や改進党の議員を、つぎのように批判している。

「諸君は従来、民力の休養を喋々したる人々にてあるべし。農民の困窮救わざるべからずと嘖々《さくさく》したる人々にてあるべし。しかして今や自から帝国議会議員となり、自から地租の軽減を議会において論議し決定せんと欲す。かくの如くにしてこれを軽減するといえども、独りその利を私してこれを小作人に及ぼすこと無ければ、かつて民力の休養を唱え、細民の窮苦を鳴らしたるものは、ただこれ口を此に藉《か》り、以て地租の軽減を謀りて、自から己れの腹を肥さんと為したるのみと一罵せられ、果して何らの辞を以てこれに弁ぜんと欲する乎《や》」（『東京経済雑誌』、一八九一年二月二八日号、二六八〜二六九頁）。

「地租の軽減」は「民力の休養」の一部分に過ぎないはずだという植木の議論は「減税」と「格差是正」の矛盾をこの時代に衝いたものとして貴重なものである。

地租軽減は実現しない仕組み

しかし、議会開設の前年（一八八九〈明治二二〉年）に公布された大日本帝国憲法（明治憲法）の下では、そもそも政府は衆議院の減税要求を恐れる必要はまったくなかった。議会はたしかに立法権を与えられていたが（第三八条）、両院の一つは参議院ではなく、貴族院であった。徳川時代の公卿と大名と、明治政府の官吏の退役者などよりなる貴族院が、地租の軽減に反対すれば、何度衆議院が地租軽減法案を可決しようと、立法府レベルで地租軽減は否定されてしまう。

藩閥勢力が握る行政府が悪者にならなくても地租軽減は実現しないというのが、この憲法体制の仕組みだったのである。

「地租軽減」自体が実現できない以上、「民力休養」からする植木のような批判も力を失わざるを得なかった。「民力休養」と「格差是正」の接近は、一時的なものにとどまったのである。

「政費節減」という武器

これに対して、当初は「民力休養」のための財源作りとして生まれた「財政整理」の方は、「政費節減」に表現を変えて、政府と在野党の双方が想像していた以上に有効な政府批判の武器となっていった。

当初政府は、「民党」(自由党や改進党などの反政府勢力の総称)のこの要求をさほど恐れてはいなかった。明治憲法にはあらかじめ議会が現行の行政費と軍事費を削減するには、政府の同意が要ることを定めていたからである(第六七条)。

しかし、政治の世界では、「合憲」だけでは世論が許さないこともある。これは「経費削減」を「政費節減」と言い換えてみれば明らかになる。多すぎる官僚の数を減らし、高すぎるその給料を引き下げ、贅沢すぎる官庁経費を節減せよという「政費節減」を、憲法六七条によって政府は同意しないと言うだけでは、藩閥政府は世論の支持を得られない。

「富国強兵」の国是

首相として最初の議会に臨んだ山県有朋はこのことに気づいていたから、「不同意」の理由は、明治維新以来二〇年以上守ってきた「開国の主義」の「国是」に反するからであると主張した。小さな字で上下二段に詰めこまれた議事録とはいえ、わずか一頁強の演説である。そのなかで山県は、この内容不明確な「国是」という言葉を、一五回もくりかえしている。

この漠然たる「国是」の具体的内容は、じつは「富国」ではなく「強兵」であった。この点では、約一〇年前に参謀本部長として天皇に「富国」重視から「強兵」重視への転換を求めた時から、山県は一貫していたのである。彼はつぎのように述べている。

「やや内治の如きはその綱領〔基本〕を得るにいたったは、すなわち今日の成行きである。さりながら外に対しましては、完全なる国是を保ち独立の実を全くする一事にいたりましては、不幸にもいまだその実効を奏するにいたりませぬ。（中略）つらつら宇内《うだい》〔世界〕の大勢を洞観いたしまするに、列国の間に立ちましてその国権を完全に伸張すべきものは、国富み兵強からざるものはない〔の〕である。（中略）現時列国相競って武備を張り、ようやく進んで眼を東洋諸国に注ぐの形勢は、諸君においても洞知せらるることと存じます。宇内の大勢かくのごときの傾向におきましては、日一日も武備を拡張すべきを緩漫〔慢〕に附するわけには参りませぬと存じます」（『帝国議会衆議院議事速記録』第二巻、七一六頁）。

結局山県首相が何度もくりかえした「国是」とは、軍事力の拡大のことだったのである。

山県は同じ演説で衆議院多数派の主張は「政費節減」にあると要約している。「財政の整理」でも「経費節減」でもなく、行政費の削減、すなわち「政費節減」要求にあると、正確に認識していたのである。彼はつぎのように述べている。

「本会開会あって以来、ほとんど数旬でございます。（中略）この間諸君の励精刻苦議事もまた大いにその歩を進めたでございますが、おおよそ諸君の平素懐かるるところの政治上の意見は、おおむねこの議場に顕われたかと存じます。その中につきまして、政費節減の一事につきましては最も諸君の意向なりと思われます」（同前書、同頁。傍点筆者）。

このように山県は、「民党」側の主張が「政費節減」にあることを理解したうえで、先に記した「富国強兵」の「国是」にもとづいて、つぎのように不同意を表明したのである。

「今吾人らは高大なる聖恩に浴し、立憲治下の民となりましたが、これと同時に、ただ政費を節減致しまして、この国是に反対をいたし、国勢の振わざるを致し、外は列国に威信を失い、国家の長計を誤るがごときにいたりましては、政府は断じて同意を表することは出来ませぬ」（同前書、同頁）。

予算歳出を軍事費、事業費、行政費に三分すれば、第一議会で衆議院が決めた予算査定案は、山県首相自身が明言しているように、行政費を削減（「政費節減」）しただけのものであった。その査定案を、山県が事業費と軍事費にあたる「富国強兵」の「国是」を理由に、憲法第六七条を行使して不同意を表明したのは、明らかな筋違いであった。

井上毅（国会図書館蔵）

井上毅の手厳しい批判

山県首相からこの演説草稿を見せられた法制局長官の井上毅《いのうえこわし》は、つぎのような手厳しい批判を山県に直接送っている。

「〔この演説の要点は〕政府は開国の主義を執る。故に政費を節減すること能わず。従って予算の議決を採用せず〔というにある〕。この論理は学理上においても、また実際上においても成立すること能わず、輿論に向って何らの感動も与えず、しかして恐らくは天下後世の非難するところとなるべし。何となれば、開国と政費節減とは何らの関係も有せず、何らの矛盾も生ずべきものに非ざればなり」（『井上毅伝・史料篇』第二巻、三二五〜三二六頁）。

今日の政府で法制局長官が総理大臣の演説草稿をここまで正面から批判すれば、即座に更迭されるであろう。伊藤博文《いとうひろぶみ》を扶《たす》けて明治憲法の制定に尽力した井上毅は、別格だったのだろうか。この意見書の表紙には、「山県総理大臣閣下意見上申　井上毅」と明記されている。

筆者のような後世の歴史研究者の眼には山県演説の「開国の主義」は、「富国強兵」の枕詞にすぎないように映るが、同時代の井上毅は「開国の主義」が「政費節減」と無関係であることに、強くこだわっている。「支那は鎖国主義の巨魁」で「冗官冗吏」で悪名高いのに、ドイツのフリードリヒ大王やアメリカのジョージ・ワシントンらは「文明の基を開」いた人なのに、「非常の節倹主義を執」った。「開国の主義」や「鎖国主義」は「節倹主義」（政費節減）とは無関係ではないか、と主張しているのである（同前書、三二六頁）。

「開国の主義」の「国是」につづいて、「富国強兵」の「国是」についても、井上は山県の演説草稿に批判を加えている。衆議院の予算査定は、軍事費にも殖産興業費にも手をつけていないのだから、「強兵」の「国是」にも「富国」の「国是」にも反していないというのである（同前書、同頁）。それでは議会の予算査定にどう「不同意」を表明すればいいのか。井上はつぎのように論じている。

「今般の予算議決を拒絶するには、政府は一に大権を侵すの嫌いあり、二には行政機関の運転を妨ぐ、三には政府たとえその説を採用すとも調査および準備のために適当なる時間を経ざるべからず、との理由に止まるべし。開国の主義はこの問題に関係を有することなし」（同前書、同頁）。

井上が提案する三点は、政治的にはほとんど意味がない。第一の「〔天皇の〕大権を侵」すというのは、憲法第六七条によって山県首相が「不同意」を表明する法的根拠にすぎず、山県が「開国の主義」だの「富国強兵」だのを持ち出したのは、「不同意」の政治的理由としてであった。第二の「行政機関の運転を妨ぐ」というのも、議会の「冗官冗吏」の削減要求とのあいだでは、水掛け論にしかならないであろう。第三点は典型的な先送り論で論外であったろう。

井上毅の山県首相宛の意見書を読めば読むほど、彼は衆議院の「政費節減」要求に好意的だったように思えてくる。すでに記してきたように、議会開設にあたって衆議院の多数を握った「民党」が掲げた基本政策は、「政費節減・民力休養」であった。このうち、地租の軽減を意味する「民力休養」の方は、立法府段階で貴族院が否決してくれるので、政府内部で意見が対立することはなかった。しかし、「政費節減」については、政府内部にもその必要を認める者がいたことを、井上毅の意見書は示唆している。

「土佐派の裏切り」の敗者

すでに記したように山県首相は井上毅の批判を無視して「国是」演説を断行した。しかし水面下では、最初の議会の解散を回避するための交渉が、最大野党自由党の右派グループとのあいだでおこなわれていた。その結果、自由党内の二九名が、約八〇〇万円の削減要求を約六五〇万円に引き下げ、その削減項目は政府に委せるという妥協案に同意したので、第一議会での予算不成立は回避された。「土佐派の裏切り」として有名な事件である。

しかし内容的に見れば、敗北したのは明らかに山県内閣の方である。

第一に、政府は約六五〇万円の行政費を削減したのに、衆議院の地租軽減法案は貴族院で審議未了・廃案となったので、削減分は丸々剰余金として次年度に繰り越される。この六五〇万円が地租軽減以外のことに使われることは衆議院には許せない。しかるに次年度の予算策定にあたった第一次松方正義《まつかたまさよし》内閣は、それを懸案の海軍軍拡に使おうとした。たとえ軍事費であろうと、新規の予算増額は、憲法第六七条が保障する「既定の歳出」にはあたらないから、衆議院は自由にそれを削減できる。政府にできることは衆議院を解散することだけであった。

解散によって予算は不成立になり、憲法第七一条によって前年度予算の施行になるが、この場合の前年度予算は、第一議会における山県内閣の妥協によって六五〇万円(歳出総額の約七パーセント)を削減したものである。こんなことをくりかえしていては、地租の軽減もできないかわりに海軍軍拡もできない。そして行政費だけは何時までも七パーセント減を強いられる。自由党や改進党などの「民党」の立場からいえば、「民力休養」はできなかったけれど「政費節減」には成功したのである。

「和協の詔勅」——「強兵」の勝利

しかし、海軍軍拡を犠牲にして「政費節減」を実現するということは、すでに記したように民党の本来の主張と矛盾することであった。それは、軍事費や事業費には手をつけないで、行政の無駄だけを省いて民力を休養せよという主張だったからこそ、藩閥政府内にも井上毅のような同調者を生むことができたのである。軍事費を削減してまで地租を軽減せよという主張ではなかったのである。そのうえ、海軍軍拡費を削っても、地租の軽減の方は貴族院が反対するかぎり実現しない。名分のうえでも実利の面でも、「民党」は明らかに行き詰まっていた。

他方藩閥政府の方も、海軍軍拡費を何時までも削減されていたのでは、遠からず必ず起こる日清戦争の準備ができない。「政費節減」で浮いた財源を海軍軍拡費に廻すことを「民党」に認めてもらわなければ、対外政策に支障が生じることは明らかであった。行き詰まった政府と民党とは、天皇の力を借りて妥協を図った。一八九三（明治二六）年二月の「和協の詔勅」がそれである。

この詔勅についてはこれまで発表した筆者の著作のなかで詳しく紹介してきたので、ここでは結論の紹介だけにとどめたい。行政府の長（伊藤博文首相）と立法府の長（星亨衆議院議長）とがお互いに自身の立場の正当性と相手の非とを天皇に訴えるというかたちで、その調停を依頼したのである。

これを受けて天皇が下した詔勅は、「政費節減」を二重に公約して海軍軍拡への衆議院の同意を求めるものであった。すなわち、政府が憲法第六七条を根拠に衆議院の「政費節減」要求を拒んだことは法的には正当である。が、「ただし朕は特に閣臣に命じ、行政各般の整理はその必要に従い、おもむろに審議熟計して遺算なきを期し、朕が裁定を仰がしむ」と（『明治天皇紀』第八巻、二〇六頁）。ここで天皇は「行政各般の整理」を衆議院に確約している。それなのに天皇はこれとは別に、さらに加えて、海軍軍拡の一助としての宮廷費三〇万円削減と官吏給与の一割減とを明言している。すなわち、

「朕ここに内廷の費を省き、六年の間毎歳三十万円を下付し、また文武の官僚に命じ、特別の情状ある者を除く外、同年月間その俸給十分の一を納れ、以て製艦費の補足に充てしむ」（同前書、同頁）。

これだけの譲歩を示したうえで天皇は、議会が軍艦製造費を認めることを、つぎのような表現で求めたのである。

「朕は閣臣と議会とに倚《よ》り立憲の機関とし、その各々権域を慎み、和協の道に由り以て朕が大事を輔翼《ほよく》し、有終の美を成さんことを望む」（同前書、同頁）。

民党の「政費節減」論の圧勝であるが、観点を変えれば、政府は海軍軍拡を獲得したのに民党は地租の軽減は得られなかったのであるから、「強兵」の「民力休養」に対する勝利でもあった。「政費節減」には成功した民党は、「民力休養」には失敗したのである。これが一八九四、九五（明治二七、二八）年の日清戦争以前の「内政」の結末であった。

なお、「外交」をめぐる国内対立が日清戦争勃発の直前までつづいたことは、第一章で見たとおりである。

3 大衆課税か地主課税か

一〇年弱で三億超の富国強兵費

第一節で見たように、元来自由党の指導者は農村地主の地租軽減要求には無関心で、同党がこの要求を受け容れたのは、議会開設を三年後に控えた一八八七（明治二〇）年頃からのことであった。議員選挙の有権者の大半が農村地主であり、彼らの最大の関心が地租の軽減にあることがわかったからである。

しかし、第二節で明らかにしたように、地租の軽減は制度的に不可能であり、その財源作りのための「政費節減」の方だけは実現した。そして行きどころのない毎年度の「政費節減」分の財源は歳入剰余金として積み立てられ、「和協の詔勅」で海軍軍拡に使われることになった。その結果、一八九四、九五（明治二七、二八）年の日清戦争で、日本は中国に勝利し、戦争前の日本の国家歳出の約四倍にあたる賠償金を同国から得た。軍部が求める「強兵」には当分財源の心配がなくなったのである。

戦勝で沸く経済界は、運輸、交通、情報通信（鉄道、港湾、電信・電話）の拡充のための公債募集に積極的に応じた。「富国」の財源も確保されたのである。

陸軍軍拡は八年計画、海軍のそれは一〇年、公債財源事業は七年計画であったが、細かい違いを忘れれば、軍拡費二億七〇〇〇万円、公共事業費四〇〇〇万円、合わせて三億一〇〇〇万円が一〇年弱のあいだに費消されるのである。

これだけの富国強兵費が政府の手によって投入されれば、当然物価も高騰する。当時の主食であった米の値段で見れば、日清戦争前の一八九三（明治二六）年から戦後の一八九八（明治三一）年までの五年間で二倍強にはね上がっている。しかるに自作農や農村地主が納める地租は、この間まったく上がっていない。すでにくりかえし記してきたように、地租は固定税で、税率を上げる地租改正法案が衆議院に提出され可決されなければ、米価が二倍になっても元のままなのである。農民には「地租の軽減」を「民力の休養」として訴える根拠がなくなっただけではなく、そもそも「地租軽減」の必要自体がなくなったのである。

増税案の決定権を握る衆議院

陸海軍は巨額の軍事費を得、「積極主義」の名の下に鉄道の敷設を求めてきた自由党は公債によってその財源を獲得し、自作農や農村地主は農産物価格の高騰で所得を倍増した。政争の種などどこにも残っていないように見えた。

しかし、軍事費と事業費が急増して物価も高騰している時に、他の歳出はそのままというわけにはいかない。政府歳出中の臨時部だけが増大して経常部は従来のままというわけにはいかないのである。臨時部増加の財源は賠償金と事業公債で賄えるが、経常部の増加は増税以外には途がない。

しかし、「民党」の「政費節減」と「民力休養」の要求には周到な対応策を備えていた大日本帝国憲法（明治憲法）も、増税案に反対する権限を議会から奪うことまでは考えていなかった。租税審議権のない議会制度などはありえないからである。ただ二院制の一方に貴族院を置いてあったおかげで、「民党」の減税法案は衆議院を通過しても貴族院で否決できただけである。

立場が突然変わって、政府の側が増税法案を提出して両院の同意を求める場合になると、貴族院の賛成はまったく役に立たなくなった。減税案の場合と同じく、増税案にも「両院」の同意が必要だったから、今度は衆議院が決定権を握ったのである。

戦後経営計画の財源

増税案に衆議院の同意を得ることは、想像以上の難事だった。たしかに、農村地主はもはや地租の軽減を求めてはいなかったが、その増徴となれば話は別であった。戦後景気のなかで農産物価格はたしかに上昇したが、やがて不景気が来れば物価は低落する。それなのに一旦地租の増徴を認めてしまえば、すでに明らかにしてきたように、衆議院だけではその軽減はできない。衆議院の二大勢力となった自由党と進歩党（第一章で分析した条約励行派の大半を集めた政党）が、一八九五（明治二八）年末の「日清戦後経営」と呼ばれる中期の陸海軍軍拡計画発足時から一八九八（明治三一）年一〇月末の第一次大隈内閣の退陣までの三年間、地租増徴に頑強に反対してきたのは、このためである。

他方で、自由党も進歩党も、地租に手をつけないかぎり、藩閥政府の軍拡と公共事業の拡充には同意した。なかでも自由党は、むしろ積極的にこの日清戦後経営を支持して、時の第二次伊藤博文内閣と提携し、その与党になった（一八九五〈明治二八〉年一一月）。日清戦争後最初の議会（第九議会）終了後の一八九六（明治二九）年三月に自由党党首板垣退助がおこなった演説は、これまで筆者の著作でたびたび紹介してきたように、藩閥政府が進めてきた「富国強兵」政策を全面的に支持するものであった。しかし、自由党のあまりに露骨な転向に驚く前に、自由党が支持した戦後経営計画には地租の増徴はまったく含まれていなかったことに、注目しておく必要がある。第二次伊藤内閣で大蔵大臣も務めた松方正義は、「地租は課税最も容易なりといえども、農民の負担を重くする〔は〕国家経済上得策にあらず。いわんや我国農民の負担はすでに偏重にして、維新以来常に地租軽減の政策を取り来りたるをや。断じて行うべからず」と伊藤首相に進言している（伊藤博文編『秘書類纂　財政資料』中巻、五九頁）。

それでは七年から一〇年かかる戦後経営計画の約三〇〇〇万円の経常費の増加は、何によって賄うのであろうか。酒税の増加と煙草の専売化と営業税の国税化が、その主な財源であった。

農村地主の代弁者としての板垣退助

全面禁煙を謳う今日の視点から言っても、煙草の専売化で税収を増やすのは非道徳的であろう。ましてや当時は、過酷な労働条件で働く者たちが、仕事の合間に一寸一服するのは習慣であった。酒は嗜好品で生活必需品ではないとはいえ、所有農地を小作人に貸して高額な小作料を取り、自らはまったく働かない地主が物価上昇で所得を倍増させながら増税を逃れ、小作農や労働者が日々の酒代、煙草銭にも苦労するというのは、社会格差の縮図であろう。

このような状況を加味して読み直すならば板垣退助のつぎの演説は、単なる民力休養論の放棄以上に、農村地主のエゴを丸ごと代弁したものに響く。板垣はつぎのように述べている。

「今期の議会は実に戦後経営の任務を負いたる大切なる議会なりき。東洋の大勢上より我国の形勢に鑑みれば、軍備拡張は万已むを得ざるなり。従って国庫の支出を要する事も、また万已むを得ざるなり。果して然らば、為に国庫の収入を計るも、また万已むを得ざるなり。ここにおいてか、増税新税もまたこれ万々已むを得ざる次第なり」（『自由党党報』一〇六号、一頁、一八九六年四月一一日）。

かつての自由党はどこに行ってしまったのかと憤る前に、引用文最後の「増税新税もまたこれ万々已むを得ざる次第なり」のなかには、「地租」の増徴はまったく含まれていなかったことに留意してもらいたい。日清戦後の軍拡のためには「増税新税」はやむを得ないが、それは地租ではなく、酒税と煙草の専売化でやってくれと言っているのである。

初の政党内閣の財政政策

酒や煙草の増税だけでは不足だと言って藩閥政府が地租の増徴を計るたびに、政党との提携は行き詰まった。第二次伊藤内閣の自由党との提携は一八九六（明治二九）年八月に、第二次松方正義内閣の進歩党とのそれは翌九七年一二月に崩壊し、九八年一月にはふたたび政党との提携なしの第三次伊藤内閣が成立した。

この内閣が同年五月の議会に地租増徴法案を衆議院に提出すると自由党と進歩党がともに反対して合同して憲政党を結成した結果、元老会議はこの合同政党の党首大隈重信に組閣を命じ、六月三〇日に日本ではじめての政党内閣（第一次大隈重信内閣。両党首の名から一字ずつを採って隈板内閣と呼ばれた）が成立した。

「民力休養」と「格差是正」の対立を重視する本章にとって重要なのは、このはじめての政党内閣の財政政策である。幸いにして、日本で最初の政党内閣の財政経済政策については、大蔵次官として予算案の策定にあたった添田《そえだ》寿一《じゅいち》の「明治三十二年度予算における財政経済方針」と題する文書が残っている（「阪谷芳郎関係文書」、国立国会図書館憲政資料室所蔵）。この内閣は内部分裂によって一〇月末に退陣（旧自由党は憲政党、旧進歩党は憲政本党になる）したが、一二月の第一三議会に提出するはずの予算案は、すでに作成されていたのである。そのなかで注目すべきは、日本で最初の政党内閣も、一方で陸海軍拡を容認し、他方で地租の増徴を回避するために、酒税の増徴、煙草専売価格の引き上げ、砂糖消費税の新設などの間接税の増加に頼ったことである。添田によれば、地租の増徴は「生産者の負担の増加」を意味するのに対し、酒や煙草や砂糖の値上げは「不生産的消費」へのさらなる課税であった。

「細民」負担増の下の民主化

このような憲政党内閣の方針に対し、自由主義的経済学者として識られる田口卯吉《たぐちうきち》は、『東京経済雑誌』に「世間細民の友なきか」と題する一文を発表して、つぎのように批判している。

「政党内閣の端緒は容易に啓けたりといえども、細民の幸福は益々減削せらるることとなれり。何を以てこれを云う、消費税増加の事益々甚しきを加うべければなり」

（『鼎軒田口卯吉全集』第六巻、四五一頁）。

戦後の軍拡はもっぱら酒、煙草などの大衆課税で賄い、農産物価格の高騰で所得を倍増させた裕福な農民は増税を免れるというのが、一八九五（明治二八）年から九八（明治三一）年までの三年間の戦後経営の実像だったのである。そしてこの三年間は同時に、政党政治発達の第一歩としてよく知られている。藩閥勢力はもはや独力では政権を維持できなくなり、第二次伊藤内閣は自由党の板垣退助を内務大臣に第二次松方内閣は進歩党の大隈重信を外相に迎え、一八九八年にはついに大隈重信を首相に、板垣退助を内相にする政党内閣が出現したのである。田口卯吉の言葉を借りれば、「細民」の負担増の下で政治的民主化が進んだのである。

4　地主も細民も軍拡負担を

地租増徴に賛成した理由

一八九八（明治三一）年一〇月に、日本で最初の政党内閣が内部分裂で退陣して以後一九〇四（明治三七）年二月の日露戦争の勃発までの五年四ヵ月の内政は、「富国強兵」の全盛時代であった。酒税や煙草専売によって地租の増徴だけは喰い止めるという二大政党の「民力休養論」がついに挫折したのである。

「富国強兵」のうち、「強兵」の方は、従来の陸海軍拡張計画が地租の三二パーセントの増徴（地租率二・五パーセントから三・三パーセントへ引き上げ）によって安定財源を得たが、「富国」（鉄道、港湾、電信・電話の拡充）の方は、新たな事業公債が加わったわけではない。それなのに旧自由党の憲政党は、「積極主義」を掲げる星亨の下に、五年限りながら地租の三二パーセント増に賛成して第二次山県内閣の閣外与党になったのである。

この一見割に合わない取り引きは、二つの事情を考慮すれば、簡単に理解できる。

第一に、当時の主要農産物であった米の値段で見れば、自作農や地主の所得は地租軽減論が登場した一八八七（明治二〇）年にくらべて、地租増徴法案が議会を通過した一八九八（明治三一）年には、約三倍になっていた。農民は三二パーセントぐらいの増税にはじゅうぶん堪えられたのである。

第二に、増税の見返りの公共事業には新たな増額はないものの、政権与党になればその配分には関与できる。憲政党を地租増徴賛成に転換させた指導者星亨は、第二次山県内閣の与党となった時に、鉄道その他の公共事業を東北地方に重点的に配分することで、同地方の党勢を拡張しようとした。彼は地租増徴法案成立の翌年四月に仙台で開かれた東北六県の憲政党支部協議会に臨席し、席上つぎのように演説している。

「東北は西南に比して農事整理上の優劣如何と云えば、是も後れている。経済は如何、工業も商業も矢張りその通りで、金融機関も劣っている。（中略）東北の交通機関を以て関西に比すれば、発達して居らないからこれを発達せしめねばならぬ。教育においても、普通教育にせよ高等教育にせよ、皆後れている。（中略）これを関西の如く高くせんとすれば、積極主義を取り新たに設けるより外はない」（『日刊人民』新聞、一八九九年四月一一日号）。

この東北六県の憲政党支部協議会では、東北築港、東北鉄道の完成、東北帝国大学の設立が決議されている。

東北六県（青森、岩手、秋田、宮城、山形、福島）は全国有数の米作地帯であり、それゆえに地租増徴の影響が大きい地方である。しかしその沿岸部は漁業でも有名で、港湾の修築は長年の要望であった。さらに鉄道網の発達という点では、近年にいたるまでもっとも後れた地方であった。地租の増徴は痛手だが、港湾の修築や鉄道の敷設というインフラ整備の要望も強かったのである。

理屈のうえからは、地租の増徴は軍備の拡充のためであり、港湾や鉄道のためではない。後者の財源は事業公債であった。だが、東北六県の憲政党員にとっては、両者は結びついていたのである。

租税収入（単位　万円）

年次	総額	地租	酒税
1893	7,000	3,881	1,664
1897	10,088	3,796	3,111
1899	13,798	4,486	4,892
1904	23,905	6,094	5,829
1905	31,514	8,047	5,910
1906	35,030	8,464	7,110

・1904年、1905年は日露戦争中の非常特別税
・1906年は立憲政友会の第1次西園寺内閣
出典：日本統計研究所編『日本経済統計集』226〜228頁

上がりつづける酒税

しかし、軍備拡充の負担者は、土地持ち農民だけではなかった。すでに記したように日清戦争後数年間の軍拡は、清国からの賠償金と酒税などの間接税の増徴で賄われ、土地持ち農民は負担増を免れていた。一八九九（明治三二）年からは農民もその軍拡費の一部を負担するようになったが、それで大衆課税が緩和されたわけではない。代表的な大衆課税であった酒税の推移を見れば、日清戦争の終了から日露戦争勃発までの軍拡費のための最大の税源がこの大衆課税だったことがわかる。節目の年

に限って地租と酒税の大まかな数字を表示すれば、表のとおりである。

この表で酒税が特に上がっている一八九七（明治三〇）年と一九〇六（明治三九）年は、進歩党か政友会を与党とする内閣の時である。地租を増徴した第二次山県内閣の下で（一八九九年）酒税も増加しているのは、すでに記したようにその前の憲政党内閣の下で酒税の増徴が決定していたためである。また、一九〇四、〇五（明治三七、三八）両年に両税ともに増加しているのは、日露戦争中の非常特別税のためであるが、地租にくらべて酒税の増徴は軽微である。時の内閣は長州閥の第一次桂太郎《かつらたろう》内閣である。戦争終結後その桂内閣に代わって政友会の西園寺公望が政権に就き（第一次）、いわゆる桂園時代がはじまったことはよく知られているが、その政友会内閣の下で今度は酒税が急増している。藩閥内閣の下では地租が増加し、政党内閣の下では酒税が上がっていることは、注目に値する。

5　民衆騒擾——持たざる者の反乱

都市住民を直撃する物価の高騰

日露戦争中までの軍事費の急増を支えたのは、地租と酒税だけではない。直接税では所得税と営業税が二倍強に増徴され、間接税では葉煙草専売益金や新設の砂糖消費税と織物消費税が急増した。一見したところでは、農村地主も都市商工業者も都市部に多い職人や労働者も、日清戦後経営と日露戦争を一緒に支えたように思われる。

しかし、農村部は地租増徴の代価として地方のインフラ拡充を期待できたのに、都市住民にはそのような見返りはなかった。さらに職人や労働者やその他の都市雑業層は、直接税を払うような身分ではなかった。酒税、葉煙草専売益金、砂糖消費税、織物消費税などは、彼らが税金として負担するのではなく、物価の高騰として表れるのである。

ロシアとの戦争に勝利したのに賠償金が一文も取れないことに憤って講和条約の調印の日(一九〇五年九月五日)に東京で起こった民衆騒擾は、今日の観点からは好戦的なナショナリズムの典型に見える。しかし、日清戦争後の軍拡のために間接税を増徴され、それを日露戦争中の二度の非常特別税で倍増された中下層民は、長年の物価高に苦しんでいた。戦争に勝ってもこの生活難が変わらないと知った中下層民が「無賠償講和反対」の示威運動を起こした相手は、ロシア政府ではなく日本政府であり、その争点は「外政」ではなく「内政」にあった。都市部に多い中下層民の間接税負担は、近年の消費増税の比ではなかったのである。

日比谷焼打ち事件（『戦時画報』）

日比谷焼打ち事件の様相

一九〇五（明治三八）年九月五日、東京の日比谷公園で無賠償講和に反対する国民大会が開かれ、約三万人が集った。当日の公園は各門を厳重に閉ざし、その内側を数百名の警官が守って居り、大会は群集の力で門扉を打ち破って開かれた。

この大会とその後につづく警官と群集の衝突、さらに抜剣した警官の強圧姿勢への反発から起こった都内各所の交番の焼打ちの様相は、大正デモクラシー研究の先駆者の故松尾尊兊氏（京大名誉教授）の『大正デモクラシー』（岩波現代文庫）に詳細に描かれている。

大会主催者の一人小川平吉の当日の日記（『小川平吉関係文書』第一巻）で公園の「各門」と記されているのは「六つの門」、これを守る「巡査数百人」は「七〇〇名」と明記されている。大会は約三〇分で終わり、主催者の先導の下、楽隊を先頭に皇居二重橋前に向かい、万歳を三唱して君が代を吹奏した。演説会を予定していた築地の新富座に向かう前に、天皇への直訴と誤解した警官隊がデモ隊に襲いかかり、最初の衝突が起こった。その後デモ隊は予定通り新富座に向かったが、そこには初めからこの会場に集ってきた群集が、入場を阻む警官隊と対峙していた。先の小川平吉の日記で一部補うと、皇居から来た一隊と合流した群集は警官隊を押しのけて一旦は会場に入った。しかし、反撃に転じた警官隊は、実力で会場内の人びとを場外に引きずり出し、演説会を中止させた。すでに場外には市電も通れないほどの群集が集っており、警官隊のこの行動に対して投石で応じた。主催者の一人だった小川平吉はその日記につぎのように記している。

「この日炎熱甚し。予は疲労せるを以て〔皇居前には行かないで〕松本楼に小憩し、車を傭うて直に新富座に至る。至れば、すでに解散せられて門戸固く鎖し警官厳守す。すなわち門を開きて入り、大いに警官と争う。吏暴力を以て衆を拉して戸外に出し、ついに解散せしむ。時に群衆場外に満ち、電車通ぜず、瓦礫飛ぶ。新富屋〔座〕の楼上、大活劇を演じ、警官の傷つくもの、人民の縛せらるる者、頗る多し。すでにして漸く鎮静す」(『小川平吉関係文書』第一巻、一九九頁、傍点筆者)。

傍点を付した箇所をもう少し具体的に知りたいが、群集の力で警護の警官隊を一旦は押しのけて会場に入ったが、その後態勢を整え直した警官隊に引きずり出されたのであろう。

主催者に付いて皇居に向かったのは約二〇〇〇人で、新富座の演説会はそれとは別に開かれたのであるから、約三万人の大半は日比谷公園に残っていたことになる。彼らは公園近くの内務大臣官邸に向かい、警備の警官隊と衝突した。外務大臣官邸ではなく内務大臣官邸に押しかけたのは、一連の衝突での警察の過剰警備に抗議するためであろうが、同時にこの民衆運動の講和条約そのものへの関心の薄さを示すものである。しかし、内務大臣は全国の警察力の最高指揮官である。警官隊も面目にかけて鎮圧に当たり、ついには抜剣して群集に襲いかかり、約六〇〇人の群集を負傷させ、内七人は死亡した。それでも群集の勢いはさらに盛んになったらしく、午後七時に、近衛師団と第一師団から三個中隊が出動して群集を退散させた。「日比谷焼打ち事件」として有名な交番などの焼打ちの主役は、警官の抜剣と軍隊の出動で退散させられた内相官邸附近の群集だったらしい。

警官隊と軍隊に蹴散らされた群集は、いくつもの集団に分かれて、市内の二〇三箇所の交番、二つの警察署、六つの警察分署を焼打ちした。延べ数ではあるが、この日警官に尋問された人数七万一〇〇〇人というから、史料に登場する群集約一〇万人という数字は大袈裟ではない。

運動の広がり

以上のような事件の概要は他の研究でも明らかにされており、松尾氏の研究の目的はそこにはない。同氏の研究の真価は、事件参加者の構成とその後につづく全国の都市部における市民集会の広がりの分析である（『大正デモクラシー』、一二一～三六頁）。後者については、比較的大きな五三の地方都市のうち、市民集会の開催が確認できなかったのは、金沢市と佐賀市だけだという（同書、一三三頁）。前者については、二ヵ所だけ同書から短い引用をさせてもらいたい。

「政友会・憲政本党の二大政党は、講和反対運動の間沈黙を守り、民衆を指導せず、政府と民衆のパイプにもならず、政党らしい役割を果たさなかった」（同書、三七頁）。

「土地を奪われ、都市に流出してきた貧民層。解体の過程に入った職人層。これと未分離ながら、いまや階級的結集の前夜にある近代的労働者階級。これら無産大衆とともに重税とインフレに悩むサラリーマンなど都市新中間層。前近代的性格の強い営業税など重税に資本蓄積を妨げられ、政府の特権的保護を受ける大資本と対立する中小商工業者層（非特権資本家層）。以上の都市民諸層の不満の代弁者としての新聞と、既成政党の枠からはみ出た政客および記者・弁護士・実業家などよりなる反藩閥の急進政治グループ。このような諸要素が一挙に歴史の上に姿をあらわしたのが、講和反対運動であり、これが新時代の起点となったのである」（同書、三八～三九頁）。

すでに記したように、日露戦争以前の政治は、藩閥勢力と自由党（憲政党→政友会）や改進党（進歩党→憲政本党）などの政党の対立と妥協によって展開し、その争点は「民力休養」すなわち地租の軽減要求や増徴反対であった。

また、「民力休養」に代えて政友会が掲げた「積極主義」というスローガンの主内容は、地方の交通不便な地域への鉄道敷設であり、その多くは国鉄が民営化されてＪＲとなった時（一九八七年）に廃線となった。

この政友会の「積極主義」と妥協を計った藩閥勢力の「富国強兵」の方は「強兵」すなわち陸海軍の拡充に重点があったことは、すでに見たとおりである。

講和反対の国民運動に参加した都市住民のうち、下層民は地租はもとより所得税や営業税も、払うほどの身分ではなかった。「減税」を意味する「民力休養」論は、彼らとは無関係だったのである。これに反し、都市中間層は、たしかに所得税や営業税は少しは払っていたが、この両税の軽減を唱える政党は存在しなかった。日露戦争中の非常特別税が藩閥政府の「強兵」政策の結果であった以上、下層、中層を問わず都市住民が藩閥勢力を支持するいわれはなかった。

要するに、講和反対運動の参加者である都市中下層民は、藩閥、政友会、憲政本党の既存の政治勢力の政策から、得るものは何もなかったのである。

権利はなく義務のみ

他方、彼らには政治に参画する手段もまったくなかった。一九二五（大正一四）年（日比谷焼打ち事件から二〇年後）に男子普通選挙制ができるまでは、一定以上の税金を払う者にしか選挙権は与えられなかったからである。講和反対運動の当時の有権者資格は直接国税一〇円以上の納税者で、有権者は全国でわずか一五〇万人強（一九〇八年の数字）にすぎなかった。普通選挙が実施された時の有権者数は約一二〇〇万人であったから、その八分の一である。

既存の政治勢力のどれからも利益を受けられず、選挙を通じてそれに異議申し立てをおこなうこともできないということは、政治的には「国民」として扱われていないということである。

彼らが「国民」として扱われるのは、戦争の時だけであった。選挙権には納税資格が必要だったが、兵役だけは「平等」で、日露戦争に従軍した約一〇〇万人の兵士は、彼らのなかからも選ばれたのである。

権利がなくて義務だけが課せられる歪んだ状態を、まだファシストではなく社会主義者だった若き日の北一輝《きたいっき》は、その著『国体論及び純正社会主義』(『北一輝著作集』第一巻所収)のなかでつぎのように指弾している。

「わが愛国者よ答弁せよ! なんじらは国家の部分として国家の他の部分の生存進化の為に、笑みて以て犠牲となりき。(中略)『国家の為』とは国家の上層の部分の為のみにあらずして、等しく国家の部分たるなんじらの妻子の為をも含まざりしか。(中略)国家の為なり四千万の同胞よと叫ばれたるときは、四千万の同胞を国家なりと云うことにして、二、三子、もしくは少数階級をのみ国家の全部なりと考えしにあらざるべし。(中略)民主国とは、国家の全部分が国家なるが故に、愛国の名においてすべての同胞に犠牲たるべきことを呼ばるなり。しかして、すべての犠牲たるべき義務はすべてが目的たるべき権利を意味す」(『北一輝著作集』第一巻、三九一～三九二頁)。

「義務」が平等なら、「権利」も平等であるべきだとする主張から、北は普通選挙制の必要を論じている。

「『国家』の声に眠を破られたる国民が満州の野より血染の服を以て進撃し来るとき、しかして進撃軍を歓迎して進撃に加わるべく用意しつつあるとき、なおかつ普通選挙権尚早論を唱え得るや」（同書、三九二頁）。

「血染の服を以」て普通選挙を要求して「進撃」するなどという表現から、後年のファシスト北一輝を想像するかもしれないが、北は一九〇五（明治三八）年一月にロシアで起こった、失敗した革命の発端、「血の日曜日」を念頭にこの一文を書いたものと思われる。しかし、一九〇五（明治三八）年九月の講和反対運動と、翌年五月刊行（自費出版、一週間で発売禁止）の北一輝の『国体論及び純正社会主義』のなかでの普通選挙論とが結びつくのには、長い年月が必要であった。

無名の青年北一輝には、その独創的思想が民衆運動に届くまで待つ忍耐力が欠けていた。

6　持たざる者に権利を

「喜ぶべき現象」――吉野作造

一九〇五（明治三八）年の日比谷焼打ち事件と、一九一二（大正元年、七月に改元）年末から翌一三年二月にかけての第一次憲政擁護運動は、スローガンの相違を除けば、驚くほど似た運動であった。一三年二月一〇日の衆議院での第三次桂内閣不信任案可決の日に国会に詰めかけた一万を超える民衆は、七年半前と同じように、交番に放火し、御用新聞社に投石した。逮捕された二百五十余名の多くが、都市雑業層だったことも、七年半前と同じであった。スローガンが「講和反対」から「閥族打破」に変わったとしても、藩閥勢力と既成政党で構成される「政治」の世界から疎外された社会層の不満の表出だった点では、二つの民衆運動は類似していたのである。

既存の政治から疎外された民衆の不満を政治の世界に吸収する手段が普通選挙制の導入だったことは、すでに北一輝が指摘した点であるが、理論を現実に反映させたのは吉野《よしの》作《さく》造《ぞう》である。

一九一三（大正二）年七月に三年間の欧米留学を終えて帰国した東京帝大法科教授の吉野作造は、シーメンス事件の名で知られる海軍収賄事件で三度目の民衆運動が起こった直後から、政治改革の提言を総合雑誌を使っておこないはじめた。なかでも、一九一四（大正三）年四月に『中央公論』に発表した「民衆的示威運動を論ず」と、翌五月の『太陽』に掲載された「山本内閣の倒壊と大隈内閣の成立」の二つの論文は、前節で明らかにした「政治」と「社会」の乖離を普通選挙制の導入で埋めようとするもので、正に時宜を得た提言であった。

第一次憲政擁護運動（1913年、東京・衆議院前）

ヨーロッパ滞在中に社会主義者や民主主義者の大衆示威運動を見聞してきた吉野は、まず三度にわたる民衆運動を肯定的に評価する。

「日本今日の憲政の発達という上から見て、この民衆的示威運動という現象は、一つの喜ぶべき現象であるとすべき理由もある。それは政治問題の解釈ないし政権の授受に関する終局の決定を民衆の判断の左右するところたらしめんとする意味において、または民衆の判断を政治上重要なる意義あるものたらしめんとするという点において、私はこれを喜ぶべき現象であるというのである」（吉野作造『現代の政治』、三〜四頁。傍点筆者）。

交番の焼打ちをともなった民衆運動を「喜ぶべき現象」と公言した東大法学部教授は、吉野以外に存在しなかったのではなかろうか。

原敬の妥協政治

ここで見落とせない点は、吉野が「政権の授受に関する終局の決定を民衆の判断」に委ねるべきだと主張していることである。吉野の念頭には、政友会を率いる原敬の妥協政治があったのである。

一九〇五（明治三八）年の日露戦争の終結から、一九一四（大正三）年三月の第一次山本《やまもと》権兵衛《ごんべえ》内閣の退陣までの八年半、一貫して与党として政治を支えてきた政友会は、約一五〇万の特権的有権者の過半の支持を固めていた。原の政友会はそれより下層の社会には関心を持たず、現有の衆議院の過半数を武器に藩閥勢力に政権の分与を迫ってきたのである。

そのような政友会は、日露戦争後の三回の民衆的示威運動に共感を示したことは、一度もなかった。原敬は日比谷焼打ち事件のようなものの勃発は予測したが、その対応は、このような国民的不満を前に大政友会が日露講和条約を支持するためには、同党総裁の西園寺公望への政権の譲渡が必要であると、桂太郎首相に迫っただけである。この要求を受け容れて、講和条約成立後、桂は西園寺に政権を譲った。

一九一三（大正二）年二月一〇日の衆議院の第三次桂内閣に対する不信任案の時だけは、憲政擁護運動の側についたが、翌一一日に同内閣が総辞職すると、わずか九日後には海軍の有力者山本権兵衛の内閣組織を扶け、その内閣の与党となり、原敬は内務大臣に就任した。原敬は、第一次、第二次の西園寺内閣でも内務大臣を務めた。当時の内務省は全国の知事と警察力を管下に置くだけではなく、政友会の「積極主義」の中心であった鉄道と港湾をも管轄下に置くもので、内務大臣は政友会に不可欠なポストだったからである。

海軍汚職を糾弾する三度目の民衆運動（一九一四〈大正三〉年二月一〇日）の時だけは、原敬は正面から運動に敵対した。政友会は野党提出の内閣不信任案を衆議院で否決し、内務大臣として原敬は警察力を動員して院外の民衆を押さえ込んだのである。

衆議院の過半数も、内務大臣のポストも、すべてのもとは、約一五〇万に過ぎない有権者のなかに築き上げた強固な地盤にあった。だから原敬は、一九二一（大正一〇）年一一月の非業の死にいたるまで、普通選挙法に反対しつづけた。吉野作造が論壇に登場したのは、磐石に見えた原敬率いる政友会が山本内閣の退陣で凋落を迎えた一九一四（大正三）年四月だったのである。

普通選挙の実現という目標

理論ではなく実際に政治を改良しようとする思想家吉野作造に与えられた課題は、二つあった。

その一つは、八年半に三度も大規模に民衆を集めながら、時の政権を倒す以外の政治的成果を挙げられなかった都市民衆運動に、明確な目的を与えることであった。もう一つは、衆議院で政友会に代わって多数を占められる政党の創出にあった。先に記した「民衆的示威運動を論ず」が前者の課題に対する吉野の答えであり、「山本内閣の倒壊と大隈内閣の成立」が後者に対する答えであった。

前者の論文のなかで吉野は、自分で研究したり見聞したりしてきたヨーロッパにも民衆的示威運動は盛んであったが、それらは明確な目的を掲げていたことを重視している。彼はつぎのように論じている。

「元来、民衆的示威運動という事は外国にも随分ある。しかし外国のは大抵積極的の主義主張がある。たとえば一九〇七年以前の墺太利〔オーストリア〕の民衆運動のごとき、昨年四月大爆発を見、今日なお時々行われているところの白耳義〔ベルギー〕の民衆運動のごときは、選挙権の拡張もしくは選挙法の改正という事を眼目としている。（中略）単に現政府に反対するという漠然たる目的に騒いでいるようなところはない」（吉野前掲書、二九頁）。

これにつぎに紹介する翌月の論文を加えれば、吉野がここで触れている「選挙権の拡張もしくは選挙法の改正」が普通選挙制のことを指していることは明らかである。論壇に登場した最初の論文で吉野は、日比谷焼打ち事件以来三回にわたる日本の民衆運動に、今後は普通選挙の実現という具体的な目標を掲げるよう提言したのである。

「党勢拡張の方法を知らぬ」

翌月（一九一四〈大正三〉年五月）に雑誌『太陽』に掲載された前記の「山本内閣の倒壊と大隈内閣の成立」と題する論文では、吉野は衆議院内の反政友会諸党に、その結束と普通選挙制の提唱とを求めている。彼は議論の前提として、日本の政党の現状をつぎのように批判している。

「日本の政党は由来、政権を掌握することによって始めてその党勢の拡張も出来るので、この点は西欧先進国の政党とは正反対である。彼にあっては、党勢を民間に張ることによって始めて政権を掌握することが出来る。（中略）しかるにわが国の政党を見るに、その議会に多数を占むるということは、政権の掌握もしくは政権掌握の希望によって辛うじてこれを維持しているのである。されば、日本においては政権に離れるということは直ちに党勢の衰微を意味する。また、現在の政党は政権の掌握以外に党勢拡張の方法を知らぬゆえ、たとえ馬鹿といわれ阿呆と罵られても、政権には離れまいとする」（吉野前掲書、六二～六三頁）。

ここで吉野が批判的に描写している政党の有り様は、今から一〇〇年以上前の一九一四

（大正三）年のことである。

二大政党制と普通選挙制

吉野のいう「政党」とは、原敬らの政友会のことであり、その政友会がシーメンス事件として知られる海軍収賄事件に山本権兵衛内閣の与党として巻き込まれ、政権を追われた。この論文の表題の前半部分、「山本内閣の倒壊」である。その結果成立したのが、加藤高明の同志会、尾崎行雄《おざきゆきお》の中正会、犬養毅《いぬかいつよし》の国民党の反政友会三党を、与党もしくは準与党とする第二次大隈内閣であり、この論文の後半のタイトルである。

成立時の与党三派の合計議席は、三八一総議席中の一六六で、野党になった政友会は依然過半数の二〇六議席を維持していた。しかも与党三派のなかでも、同志会（九三議席）と国民党（四〇議席）はむしろ対立関係にあった。この状況に対して吉野は、たとえ与党選挙で一旦は非政友三派が政友会に勝ったとしても、一五〇万有権者のなかに強固な地盤を築き上げている政友会に致命的な打撃を与えることはできない。三党が結束を強化して普通選挙制を導入して、新しい有権者のなかに自派の地盤を構築しなければ、二大政党制は実現できない、と論じたのである。吉野は、二大政党制と普通選挙制をセットとして考えていたのである。

よく知られているように、戦前の日本でも一九二五年の男子普通選挙法成立後、一九二六（大正一五・昭和元）年の第一次加藤高明内閣から一九三二（昭和七）年の犬養政友会内閣までの六年間、二大政党制が展開された。しかし、今採り上げている吉野の論文は、その一〇年以上前の一九一四（大正三）年五月に発表されたものである。並大抵の先見の明ではなかったのである。

彼はまず立論の前提として、政党内閣が良く機能するには、二大政党制が必要である、と主張する。すなわち、「政党内閣の制度の完全に行わるるには、大体において二大政党の対立を要件とする。小党分立の状態にあっても、内閣は矢張り政党を基礎として組織せらるるが普通の例であるけれども、二大政党対立の場合でなければ政党内閣の制度の妙用は、これを発揮することが出来ぬ」、と（吉野前掲書、七一頁）。この前提から吉野は、大隈内閣与党三党に、二つの点を要望する。第一は、三党の結合の強化である。政友会支配に対抗するために二大政党制を提唱するのであるから、これは当然の主張であろう。彼はつぎのように論じている。

「第一は、大隈内閣の大傘の下に集まったいわゆる非政友三派は、出来るだけ感情を一掃して今日の提携を続けて貰いたいということである。もしこの点に失敗すれば、彼らは忽ち天下を両分してその一を有するの実力を失い、ために再び政友会と官僚との妥協に後戻りをするのおそれなきにあらず。かくては我が国憲政発達のために憂うべき事であると思う」（同前書、七七〜七八頁）。

「政友会と官僚との妥協」政治をいかに吉野が憎んでいたかが、よくわかる一文である。吉野が第二の要望として掲げた普通選挙制の実現も、この「政友会と官僚との妥協」政治の打破という主張と強く結びついていたことは重要である。人間は平等な存在だから選挙権も平等に与えられるべきだという抽象論から普通選挙制の必要を説かないところが、吉野の特徴である。彼はつぎのように論じている。

「第二は、この際大いに奮発してもっと有力なる勢力となって欲しいことである。三派合同してなお一政友会に当るに足らずとあっては、政党内閣の存続の上に、甚だ心細い。（中略）この点から余は新らしき政府党に向って、政友会と異れる地盤に立脚地を開拓せんことを勧告したい。換言すれば、この際多数国民の輿望せる普通選挙制を断行して、新たに選挙権を得べき者の間に、その立場を開拓せんことを勧告したい。選挙法を今日の儘《まま》に放任して、政友会と同一の地盤を争うのでは、おそらく政友会を凌駕することが至難であろう」（同前書、七八〜七九頁）。

こうして吉野は、政友会を与党とする第一次山本内閣が民衆運動によって倒され、元老会議の推薦で非政友三派を与党とする第二次大隈内閣が成立するという二つの次元の異なる現象を、普通選挙制の実現という一つの目標の下に結びつける視点を、公に提供したのである。

「社会的」な格差是正

吉野のこの提言に民衆運動や非政友諸党が呼応するのは、数年後のことであるが、その間も彼は諦めずに持論を展開しつづけた。

一九一四（大正三）年時点での吉野の議論のなかには、もう一つ特筆すべき点があった。それは、次節の表題である「持たざる者に福利を」の要求が、この時点で明確に提言されていた点である。単に普通選挙という「権利」を民衆に与えよというだけではなく、社会の下層民の生活を実際に改善する政策を打ち出せと要求したのである。今日風に言い換えれば、吉野は「政治的」な格差是正だけではなく、「社会的」な格差是正の必要を唱えていたのである。二大政党制論と普通選挙制論にこの「社会政策」論を加えれば、第一次世界大戦勃発以前に、吉野はすでに社会民主主義者になっていたと言えよう。先に紹介した「民衆的示威運動を論ず」（一九一四年四月）のなかで、彼はつぎのように論じている。

争議の応援に駆けつけた吉野作造（左から２人目の帽子をかぶった人物）

「わが国の状態を見るというと、社会政策などいうものは丸で行われていない。否、下層階級の利害というものは、更に〔一向に〕顧みられていない。今年の二月二十一日の貴族院予算会において、三宅秀《みやけひいず》・桑田《くわた》熊蔵《くまぞう》らの諸氏は工場法を速かに実施せよということを政府に迫った。ところが山本農相〔達雄《たつお》、農商務大臣〕は答えて曰く、『財政整理その他の都合上、遺憾ながら実施することを得ずして止むを得ず延期す云々』、『その内容においてもまた、一方に可なれば他方に不可なるなどの事情もあり云々』。一方に可なれば他方に不可というのは、暗に政府は資本家の圧迫を受けて居って、工場法の実施を躊躇していることを示している」（吉野前掲書、四九頁）。

ここに言う工場法は、一九一一（明治四四）年に藩閥勢力の第二次桂太郎内閣の下で制定されたが、それにつづく政友会を与党とする第二次西園寺内閣、第一次山本内閣の下で施行が見送られてきたものである。社会政策という面では、政友会は藩閥勢力よりも保守的だったのである。その主な内容は、一五歳未満及び女子の一日の労働時間を一二時間以下に制限し（これが「制限」の名に値するかどうかはともかく）、児童の雇用禁止、年少者や婦人の夜業禁止、全労働者への労災の保障などを定めたものである。この程度の労働条件の改善すら、政友会は先送りにつとめたのである。

金持ちのための減税か社会政策か

吉野はさらに、政友会の減税政策（「民力休養」）が、「下層階級の生活問題」をまったく顧慮していない点を鋭く指摘している。彼はつぎのように論じている。

「今度行われた租税軽減の諸案のごときも、桑田博士が二月十九日の予算会議において述べられたとおり、『その減税方針は、あるいは富者に偏し、あるいは資本家に偏し、下級民に対しすこぶる不公平なる憾なきを得ず。昨年減税の所得税は最下級民の均霑《きんてん》するところに非ず。今年すでに衆議院に提出の相続税のごときもまた然り』で、下層階級の生活問題などいう事は、ほとんど全く政客の省みるところとなっていないようである。三月九日の衆議院の委員会が国民党提出の外国米輸入税廃止案を、農業奨励という理由で否決したるがごときも、米を買って食うところの貧民よりも、米を売って贅沢をする地主の利害を先きにするものであって、これもまた社会政策の趣意には全然背くものと思われる。これを要するに、今日わが国の政界においては社会政策という事はほとんど全く実際において顧みられないといってよい。これはわが国の将来にとって最も憂うべき現象であると思う」（吉野前掲書、五〇〜五一頁）。

本章全体の表題は「『民力休養』か『格差是正』か」であり、ここで吉野が提起している金持ちのための減税か社会政策か、という問題と完全に重なる。それにしても、今から一〇〇年以上前に書かれた吉野のこの一文は二〇一八年に生きるわれわれにとっても、我が意を得たものとして読める。吉野作造の先見の明に脱帽すべきなのか、政治的進歩の遅さを嘆くべきなのだろうか。

7　持たざる者に福利を

護憲三派内閣の成立

前節の最後で、吉野作造が本節の表題どおりの主張を、一九一四（大正三）年四月に展開していたことを紹介した。しかし、当時の日本には、同時に吉野が唱えた二大政党制も普通選挙制も実現していなかった。まずは普通選挙制の導入に積極的な民主的な野党を一つにまとめて政権交代を実現し、つぎにはその民主的な政権の下で普通選挙制を実現させるのが先決であった。

一九二四（大正一三）年一月に政友会が普選賛成派の政友会と反対派の政友本党に分裂し、賛成派の高橋是清率いる政友会が、加藤高明の憲政会、犬養毅の革新倶楽部とともに第二次憲政擁護運動を組織した時、政権交代が現実の選択肢となった。このいわゆる護憲三派（憲法ではなく憲政を守る護憲である）が五月の総選挙で大勝して（憲政会一五二、政友会一〇二、革新倶楽部三〇、総議席四六四）、六月に憲政会の加藤高明を首相とする護憲三派内閣が成立した時、普通選挙制の実現が確実となった（翌一九二五〈大正一四〉年三月、男子普通選挙法成立）。一九一四（大正三）年の吉野の提言から一一年かかったが、三つの提言のうち最初の二つは実現したのである。

吉野人気の失速

この約一〇年間は吉野作造の時代であった。大正デモクラシー研究の第一人者である故松尾尊兊氏によれば、一九一五（大正四）年から二二（大正一一）年までの吉野の収入は、「原稿料その他出版関係収入だけでも東大給与にほぼ匹敵し、講演謝礼その他を合すると二―三倍に達」したという（『吉野作造選集』第一四巻、三九五頁。この時期の吉野日記の解説）。

しかし、二大政党制の下で男子普通選挙制が実現し、いよいよ「持たざる者に福利を」という本節の表題に取り掛かる時期を前に、吉野人気は失速した。青年・学生などの吉野信奉者が、デモクラシー論を捨ててソ連型の社会主義論に走ったからである。

吉野の信奉者のなかで数少ない社会民主主義者であった行政学者の蠟山政道《ろうやままさみち》は、一九二五（大正一四）年一月の時評のなかでつぎのように記している。

「デモクラシーなる主義主張が、かつて吉野博士その他の先進の士によって高唱せられ、論壇時論を風靡したこと、今なお我らの記憶に鮮かな所である。（中略）その後世間は社会主義的論議にその興味を見出し、デモクラシー論のごときは、古本屋の一隅に塵にまみれて見出さるるか、夜店の釣台の上により取り見取りのひやかし客の手に触れるに過ぎぬようになった。かような思想界の風潮の悲しむべき事態については今更らここで云為《うんい》しても始まらない」（蠟山政道『日本政治動向論』高陽書院、一九三三年に再録、八六〜八七頁）。

「思想界」の流行病は非難しても仕方がないとした蠟山も、労働組合運動をデモクラシー思想から引き裂いた一部の思想家に対しては、正面から批判の矢を向けている。

デモクラシーに対する「誤解せる蔑視感」

彼はつぎのように論じている。

「しかるに、ここに最後に望みを嘱すべきものとして、社会の下積として表面に活動しえない民衆階級がある。しかし、一般の、組織も訓練もない労働者階級は、直接にデモクラシーの組織や制度に触れる機会に乏しいからこれは別として、労働組合を組織している労働〔者〕階級とデモクラシーとの関係を見るに、世界各国の歴史を見るときは、おおむねこの階級において真のデモクラシーの精神が体得せられているのである。（中略）しからば、この自己の組織原理を一般社会の構成原理に拡大し、政治組織においても、また産業組織においても実現することを期するにおいて、労働者階級のデモクラシー実現における歴史的の使命が存するのである」（蠟山前掲書、八八〜八九頁）。

しかし、日本の労働組合運動はデモクラシーに背を向けて階級闘争だけを強調してきた。蠟山はこの傾向は日本の労働者階級の特質ではなく、それに影響を与えてきた思想家の責任であるとして、つぎのように論じている。

「私は、デモクラシーの精神と制度とに対する誤解せる蔑視感を労働者階級に植えつけたのは、わが国の思想家の指導という遇〔偶〕然なる原因によるのであって、わが国の労働者階級の特質なりとは信じない。しかも、こは、わが国におけるデモクラシー問題が労働者階級によりて熱意を以て考えられぬ最大の原因なるを思うとき、一見些少なるべき事柄ながら、わが国のデモクラシー諸制度の将来に関して重大な関係があるのである。なぜなら、わが国のデモクラシー諸制度は、この組織ある労働者階級を先頭とする一般民衆の熱心なる要求なくしては実現不可能なる運動に置かれてあり、かつこのデモクラシー諸制度の実現なくしては、社会主義諸原理の要求するがごとき制度の実現は不可能もしくは甚だ困難であるからである」(同前書、八九〜九〇頁)。

ここで蠟山は、労働者階級のあいだに「デモクラシーの精神と制度とに対する誤解せる蔑視感」を植えつけた「思想家」の具体的な名前は挙げていない。当時の読者はもちろん、日本近代史研究者の筆者にも、それが誰を指すのかはじゅうぶんに推測できるが、ここではその問題には触れない。ここでより大切なのは、デモクラシーを大前提とする社会主義を唱える蠟山が、デモクラシーの要求の一つに、「諸制度の厚生的機能の能率」の増進を掲げていることである。今日の日本でも社会保障政策の担当省は「厚生労働省」であるように、「厚生」とは「福祉」のことである。本節の表題が「持たざる者に福利を」であるのも、同じ意味である。

社会民主主義政権による国家運営の大変革

すでに前節の最後の部分で明らかにしたように、吉野作造のデモクラシー論においても

「下層階級の生活問題」の改良のための「社会政策」は含まれていた。しかし、従来地主やブルジョアなどの特権的階級の「福利」だけを考えてきた政府が一般民衆の圧力に敗けて採用する「社会政策」は、はじめから度が知れている。これに対し行政学者の蠟山は、中央と地方の行政改革によって「厚生的機能の能率を増進」する必要を説いているのである。彼はつぎのように記している。

「（第三に）デモクラシーの要求するところは、諸制度の厚生的機能の能率を増進せしむる点にある。けだし、この問題がデモクラシーにとって最も困難にして、かつ重大な問題である。（中略）単に他の一部特権階級の利益のために運用せしめられることを防止するという消極的の目的を実現するに止まらず、進んで従来より広大なる一般民衆の利益のためにその機能を働かしめるという積極的目的を包含しているのである。これがためには、従来のごとき一部の特権階級に奉仕せし利益の程度以上に、より高大なる能率を有するものとならなければならぬ。ここにおいてか、わが国の将来のデモクラシーは、従来のブルジョア政府が余りその意義を大きく見なかった行政官庁、地方行政および植民地行政の三者に向って根本的の立て直しをしなければならぬ」

（蠟山前掲書、九二頁）。

植民地行政の民主的改変まで蠟山が構想していたことは重要であるが、残念ながら本書の射程外の問題である。それにしても一九二五(大正一四)年一月の蠟山は、社会民主主義政権による国家運営の大改革を、中央・地方の行政改革をも含めて、本気で提唱していたのである。彼はこの任務を遂行する役割を、近い将来に設立されるであろう「無産政党」すなわち合法社会主義政党に期待して、つぎのように論じている。

「行政官庁の能率をいかにして高めるか、これと民間の諸経営との関係をいかに見るべきか、(中略)これを国民生活の根底から考えを立て直してその改革方針の樹立されるのは、真個にデモクラシーの政府が実現してからのことである。将来わが国の無産階級の政党が樹立されるとすれば、その重大なる一使命として、いかにしてこの貧弱なるわが国の産業生活の立て直しを試み得るかを示す産業政策の樹立に存しようと思う」(同前書、同頁)。

「無産階級」や「無産政党」という言葉は現代の読者には馴染みが薄いかもしれないが、「持てる者」が「有産階級」で「持たざる者」が「無産階級」であり、「持たざる者」のための政党、すなわち社会主義政党が「無産政党」である。

地方行政や地方自治改革の内容は省略するが、そこでも「わが社会生活への厚生的機能」の充実が強調されている（同前書、九二〜九三頁）。

蠟山が数ヵ月後の男子普通選挙制の実現に期待してこの論文を書いたことは、その結びのつぎの一文によって明らかである。

「デモクラシーの諸制度の発達がわが無産階級の向上のために不可欠の階段であることを確く信ずる私は、今後普選の実施を中心として展開されるべき機会が妥当に利用されることを祈らざるを得ない。この意味において、普選の実施さるるという一九二五年の劈頭《へきとう》において、暫くわが国の論壇から忘れられている不人気なデモクラシー論を拉し来って、その将来を想うの一文を草した所以《ゆえん》である」（同前書、九四頁）。

蠟山の将来構想は、社会主義政党が単なる反対党に止まらず、普通選挙制を利用して政権政党に発展し、先に記したように中央・地方の官僚組織や産業組織を改革し、分配の平等だけでなくその基になる「富」の増進を計ることにあった。ひと言でいえば、経済成長をともなった「福祉国家」の実現が、社会主義政党に蠟山が求めたものだったのである。

五パーセント以下の得票数

おそらく蠟山にもわかっていたであろうが、男子普通選挙制に基礎を置く二大政党時代の幕開けは、合法社会主義政党の時代とはならなかった。

たしかに、一九二五（大正一四）年三月の男子普選法の成立を受け、翌二六年三月には、左派の労働農民党（以下、労農党と略す）、一二月には中間派の日本労農党（日労党）、右派の社会民衆党の三党が結成された（普選法とほぼ同時に公布された治安維持法により日本共産党は非合法化された）。結成当時から三党に分裂して選挙協力できなかったことが、一九二八（昭和三）年二月の最初の普選総選挙での惨敗（四六六議席中の八議席）の原因と思われがちであるが、この総選挙で三党合わせて獲得した票数は、わずか四九万にすぎなかった。有効投票の総数約九八七万の五パーセント以下にすぎなかったのである。五パーセントの得票があれば四六六議席中の二三議席は取れたはずだというのは机上の空論であろう。問題はむしろ、普通選挙制の下でも社会主義政党が五パーセントの票しか取れなかったことの方にある。

四年前の制限選挙の下での有効投票は約二九七万票で、今回のそれは約九八七万票である。この差の六九〇万を新有権者の投票数とみなしても、そう大きな狂いはないであろう。男子普選で新たに投票に加わった約六九〇万人は、労働者と小作農と都市の中下層民である。そのうちの約四九万人だけが社会主義三党に投票したのである。なお、ここで使った数字は、遠山茂樹・安達淑子『近代日本政治史必携』（岩波書店）によるが、社会主義三党の得票だけは、西田美昭「戦前日本における労働運動・農民運動の性質」（『現代日本社会』第四巻、東京大学出版会）の数字に従った。

労働組合法の制定を優先

原因と結果の見分けは困難な場合が多い。約六九〇万の新有権者のうち、社会主義三党に投票した者が約四九万人にすぎなかったという選挙結果が、三党の指導者に議会進出への期待を失わせたと推測することは可能である。その後におこなわれた一九三〇（昭和五）年二月の総選挙でも社会主義三党の合計獲得票数は二万七〇〇〇増えただけで（約五一万七〇〇〇票）で、一九三二（昭和七）年二月の総選挙では、二六万票と約半分に落ちている。

しかし、三回にわたる総選挙での社会主義三党の不振は、三党を支える労働組合や農民組合が、総選挙より労働争議や小作争議の方を重視した結果だった可能性もある。先に記した西田美昭氏の論文によれば、左派の労農党と中間派の日労党とは、一九三二年までは、支持基盤の労働組合と農民組合とともに、資本家と地主を相手に激しい労働争議と小作争議を指導した。しかし、労働運動においては、一九三一（昭和六）年九月の満州事変以後、左派の指導力は急速に凋落していった（西田前掲論文、二七〇〜二七五頁）。これに反し農民運動では、治安維持法による弾圧と満州事変以後の国家主義の台頭の下でも、一九三七（昭和一二）年の日中戦争の前年ぐらいまでは、左派勢力が健在だったという（同前論文、二七六〜二八一頁）。

　農民運動における左派優位にもかかわらず、一九三二（昭和七）年を境とする左派労働運動の凋落は、運動内部における議会主義的要素の活性化をもたらした。同じ頃、右派の社会民衆党と日本労働総同盟（以下「総同盟」）のあいだでも政党活動が重視し直された。〝右派社民〟と言えば階級闘争よりは議会主義を重視したように思えるかもしれないが、その中心となった松岡駒吉《まつおかこまきち》や西尾末廣《にしおすえひろ》は、政党運動よりも労働組合運動に、さらに言えば労働組合法の制定よりも労働組合そのものの組織化の方に軸足を置いていた。このことは最初の普通選挙がおこなわれる一年前の一九二七（昭和二）年二月の総同盟機関誌『労働』の巻頭で主事の松岡駒吉が表明したつぎの一文にすでに表れていた。

　「普選の実施を前にして、わが国の労働階級は活発なる政治運動を開始せんとしつつある。（中略）しかし、（中略）労働組合運動は、労働階級運動の土台である。（中略）すなわち、わが国の無産政党の今後の活動によって労働立法が完成され、種々なる社会政策が徹底的に行われることになっても、もし産業の中に労働組合の確固たる組織がなかったならば、政治運動において得たる利益は完全に実現されないのである」（『労働』一八八号、三頁。一九二七年二月）。

普通選挙制の下でおこなわれる総選挙で社会主義三党が議会に進出して労働組合法の制定に成功しても、同法が認める「団体交渉権」を行使する労働組合が弱ければ何の役にも立たないと言うのは正論であろう。しかし、その逆の正論もありうる。松岡の言うように「産業の中に労働組合の確固たる組織」が確立されても、社会主義政党の議会進出が期待外れに終われば、労働組合法は成立せず、したがって労働組合は合法化されないからである。

総同盟の民政党への期待

すでに記したように、社会主義政党の議会進出はほとんど絶望的な結果に終わった。総同盟を基盤とする右派の社会民衆党も、有効投票九八七万票のうち一二万票、四六六議席中の四議席を取れたにすぎなかった。「わが国の無産政党の今後の活動によって労働立法が完成され、種々なる社会政策が徹底的に行われる」という松岡の前提は完全に崩壊したのである。
それでは松岡や総同盟は組合運動第一主義を止めてつぎの総選挙に備えて社会民衆党の育成に力を注いだかというと、そうはならなかった。総同盟は、見込み薄の社会民衆党に代えて、既成政党のなかではリベラルな立憲民政党（以下、「民政党」）に労働組合法などの「労働法」の制定を期待して、自らは先の主張通りに「産業の中に労働組合の確固たる組織」をつくり上げることに力を注いだのである。一九二九（昭和四）年七月に政友会の田中義一内閣に代わって民政党の浜口雄幸内閣が成立した翌月の機関誌『労働』は、それを歓迎してつぎのように論じている。

「民政党がわが国労働組合運動に与えたよき影響は、それがよし〔たとえ〕本質的なものでないにしろ、これを卒直に認めねばなるまい。

国際労働総会〔ＩＬＯ〕に始めてわが国の労働組合が真の代表を送ることになったのは、大正十三年、第六回国際総会で加藤内閣の当時であった〔これは誤りで、第二次憲政擁護運動によって倒された清浦奎吾《きようらけいご》の貴族院特権内閣の下でおこなわれた〕。これはある意味において労働組合が『公認』の第一歩を進めたものとして記憶すべきことであろう。次に、健康保険法の実施を見たのも、改正工場法の実施も、同じく憲政会若槻内閣の時代であった。（中略）治警〔治安警察法〕十七条の撤廃と労働争議調停法の制定は、消極的に罷業権《ひぎょう》〔ストライキ権〕を合法化した点で認めてよかろうと思う。（中略）かく観じ来れば、民政党の労働政策に対する過去の態度は、政友会に比して多少とも進歩的であることは事実である」（『労働』二一八号、四頁。一九二九年八月）。

普通選挙制の成立で社会主義政党の議会進出の途が開けた時に、労働運動右派の総同盟はむしろ既成政党左派の民政党内閣による労働立法の成立の方に期待を強めていたのである。このことが影響してか、翌一九三〇（昭和五）年二月の第二回の普選総選挙で、総同盟が支持する社会民衆党は前回の四議席からさらに二議席減らして、わずか二議席しか獲得できなかった。なお、左派と中間派（労農党と旧日労系の日本大衆党）も、合計四議席から一議席を減らしているが、それは先に記したように、労働組合運動の左派と中間派も、議会進出よりも労働争議や小作争議を重視した結果であろう。

「大いなる進歩」

総同盟の民政党内閣への期待は、この一九三〇（昭和五）年二月総選挙での社会主義政党の惨敗以後、さらに強まった。翌三一（昭和六）年二月に同内閣が提出した労働組合法

労働組合法をめぐる交渉。幣原喜重郎臨時首相代理(左)と向き合う赤松克麿氏ら（1931年、帝国議会。朝日新聞社提供）

案は、総同盟が強く求めていた労働協約締結のための団体交渉権を認めない、ほとんど名ばかりのものであった。しかもこの法案は衆議院では可決されたものの貴族院では審議未了のまま廃案になった。しかしそれでも総同盟は、政府が労働組合公認の必要を法案の趣旨説明のなかで公に承認し、衆議院が同法案を可決したことを、高く評価したのである。総同盟主事の松岡は議会終結後の『労働』のなかで、つぎのように記している。

「例え労働組合法案は改悪せられ、かつ葬られたるにしろ、前記のごとき内務大臣の演説が帝国議会に行われ、とにかく多数を以て衆議院を通過したということは、実に大いなる進歩であると云わねばならぬ」(『労働』二三八号、三頁。一九三一年四月)。

ここで松岡が強調している「前記のごとき内務大臣の演説」は、半ば公然と経営者団体の頑迷固陋を指摘したものである（『帝国議会　衆議院議事速記録』第五五巻、四五〇頁）。

時の内務大臣安達謙蔵《あだちけんぞう》は、法案提出に先立って大企業のトップたちの説得につとめたが、冷たくはねつけられた。彼はその自叙伝に、「資本家側は労働者代表を視ること蛇蝎《だかつ》のごとく、その間にいささかも調和妥協の余地なきのみならず、予が労働運動を合法化して彼等の脱線行為を強制抑圧せんとする方針には少なからぬ危惧をいだき、遂に共鳴賛同することを忌避するのである。しかもひそかに全国に手を廻して反対運動の連盟をまで結成するに至った。（中略）しかし予は敢えて成敗を顧みず、行く所までは進まんと決心して、予定の方針通り該法案を議会に提出した」（『安達謙蔵自序伝』新樹社、一九六〇年、二五四頁）。この安達の態度に松岡は敬意を表して、先の論文で「前記のごとき内務大臣の演説が帝国議会に行われ」たことを、「大いなる進歩」と評したのであろう。

迫られる方向転換

しかし、右派労働組合運動の既成政党内のリベラル派への期待も、ここまでが限度であった。一九三一（昭和六）年一二月に民政党内閣が退陣し保守党の政友会内閣（犬養毅内閣）が成立し、翌年二月の総選挙で政友会が圧勝（政友会三〇一、民政党一四六、社会主義諸党五）

すると、総同盟の労働組合法案第一主義は完全に行き詰まった。総選挙直後の『労働』はつぎのように記している。

「特に政友会は、常に社会政策を無視することにおいて特色がある。現在わが国に存在する社会政策は、きわめて取るに足らざる貧弱なものであるが、しかもそれすらも政友会内閣の手によって行われたるものは、絶無と言うも過言でない。（中略）今日犬養内閣に向って労働組合法の制定、失業保険法の制定等《とう》を要求することは、鬼に喜捨を求むるに等しく、求むる方が嗤い者になるのである」（『労働』二五〇号、二頁。一九三二年四月）。

犬養毅は、一九一二、一三（大正元、二）年の「憲政の神様」、五・一五事件で非業の死を遂げた戦前最後の政党内閣の首相、として有名である。しかし、穏健な総同盟にとっての犬養内閣は、ここまで悪評高いものだったことも、記憶の隅に置いておくべきであろう。

普選第三回の総選挙で社会主義三党で五議席（総同盟が支持する社会民衆党は三議席）、民政党も大敗して一四六議席（総議席四六六）という結果を前に、総同盟も、その支持政党の社会民衆党も、方向転換を迫られたのである。

総同盟の挫折

一九三二(昭和七)年七月に、社会主義政党右派の社会民衆党と中間派の全国労農大衆党(旧日労系)とが統一して社会大衆党が結成されたことは有名であるが、最近になってその詳しい経緯を明らかにした研究書が公刊された。日労系の中心的指導者だった三輪寿《みわじゅ》壮《そう》の孫にあたる三輪建二氏の『祖父 三輪寿壮――大衆と歩んだ信念の政治家』(鳳書房、二〇一七年)がそれである。

三輪氏は、『吉野作造選集』第一五巻に収録された吉野の最晩年の日記などの資料を駆使して、三輪寿壮ら旧日労系指導者と両党合同の産婆役となった吉野作造との両面から、社会大衆党結成の経緯を明らかにした(同書、三二一~三二五頁)。これまでも知られている社会民衆党内の右派赤松克麿《あかまつかつまろ》ら国家社会主義者の脱党や、残った社会民衆党と全国労農大衆党(旧日労系)の両党の一九三二(昭和七)年二月総選挙での惨敗の他に、同書は先に記した労働組合法案をめぐる総同盟の挫折も、両党の合同を可能にした大きな要因だったことを示唆している。それによれば、旧日労系の組合同盟(全国労働組合同盟)の法律部長であった三輪寿壮は、右派の総同盟が支持した民政党内閣提出の労働組合法案に強く反対していた(同書、一一七~一一八頁)。言うまでもなく、総同盟は社会民衆党の、組合同盟は全国大衆党（全国労農大衆党）の支持母体であった。その両者が労働組合法案をめぐって正面から対立していたのである。

しかし、一九三一（昭和六）年末の民政党内閣の退陣と翌三二年二月の総選挙での政友会の圧勝とによって、すでに記したように総同盟も労働組合法の成立を諦めた。先に記したように、総同盟の機関誌『労働』にこの立場が表明されたのは、三二年四月号においてであった。三輪建二氏の著作から再引用させてもらえば、その四月一三日の吉野作造の日記にはつぎのように記されている。

「麻生〔久〕君突然来訪さる。（中略）曰く、もう飛躍的に合同に進む絶好の気運が来たと。曰く、これに関して三輪君がすでに松岡、片山両君と数回の会合を重ねて居る筈だと」（三輪前掲書三一三頁より再引用。一部漢字を平仮名に直してある。なお、原典ではなく研究書から再引用したのは、この日の日記に眼を向けさせてくれたのが同書だからである）。

労働組合法案については正反対の立場に立っていた三輪寿壮と松岡駒吉が、同法の成立が絶望的になった時点で、両党合同の推進役として会談をくりかえしていたのである。

それにしても前節の最後で紹介したように、一九一四（大正三）年四月に論壇に登場した時から「社会政策」の重要性を説いていた吉野が、約二〇年後のその死の前年（一九三二年）に合法社会主義政党の統一に尽力していたことには驚嘆させられる。

8　団体主義から議会主義へ

昭和デモクラシー

一九三二（昭和七）年七月の社会大衆党の成立に尽力した吉野作造は、翌三三年一月病に倒れ、三月一八日に死去した。吉野の入院中の三三年二月、その弟子筋にあたる蠟山政道は評論集『日本政治動向論』を刊行し、この社会大衆党の成立に、日本における社会民主主義政党の発展の期待をかけた。政治学者吉野作造の夢を行政学者蠟山政道が受け継いだのである。同書の「序」のなかで蠟山はつぎのように記している。

「最も遺憾に思うことは、新興階級運動たる無産政党の指導者が、左右両翼の指導理論たる共産主義と国民主義とに対抗しうる唯一の思想たるべきこのデモクラシー思想に対して深き信念を有せず、徒らに左顧右眄して、自己固有の信条の発展に忠実で無かったことである。しかし、今やわが無産政党の中にも、十年の経験と苦節とによって、このデモクラシーの意義と価値とを深く認識し、その旗の下に再び信条ある人々を抱擁〔包容〕せんとしつつある。これを思えば、デモクラシーの実践と展開とは、来るべき次の十年間に期し得られる望みが全然無い訳ではない」（同書、四頁）。

二十余年前に古本屋で同書を購入してこの箇所を読んだ時、筆者は大きな衝撃を受けた。同書の刊行は一九三三（昭和八）年であり、これまでは「大正デモクラシー」が崩壊して「昭和ファシズム」が台頭する時代として描かれてきた。前年五月には海軍青年将校らによって政友会の犬養毅首相が暗殺され、政党内閣時代が終焉している。そのような時に蠟山は、「デモクラシーの実践と展開」が、「来るべき次の十年間に期し得られる望み」を論じていたのである。それを知った時以来二十余年にわたって筆者は、「大正デモクラシー」に続いて、「昭和デモクラシー」とでも呼ぶべき時代と現象があったのではないかと思って研究を続けてきた。

社会大衆党の団体主義

ここで蠟山が、「デモクラシーの意義と価値とを深く認識」した「無産政党」と呼んでいるのは、先に見た社会大衆党のことだと思われる。蠟山は、早くも普選法の成立以前から、共産主義を除く社会民主主義勢力の統一の必要を唱えていたが、右派の労働組合総同盟だけに依拠する社会民衆党には、社会民主主義勢力を統合して「英国労働党」のように成長することはできないと考えていたからである（同書、二二〇頁）。

しかし、一九三二（昭和七）年七月の社会大衆党の成立は、すぐには社会民主主義勢力の議会進出をもたらさなかった。三二年の五・一五事件によって過半数政党の政友会内閣が倒され、海軍予備役大将斎藤実《さいとうまこと》の挙国一致内閣が成立したからである。

政友会から三人、民政党から二人を入閣させたこの挙国一致内閣には、衆議院を解散して総選挙に打って出るという選択肢は存在しなかった。総選挙の結果どの党が勝ったら内閣が支持されることになるのかがわからないからである。他方、過半数を占めながら政権を担当できない政友会は当然この内閣に不満ではあっても、解散に追い込んで野党として総選挙を闘うのは不利であった。結論は任期満了の総選挙しかなく、全国労農大衆党と社会民衆党という社会主義政党がようやく合同してできた社会大衆党も、総選挙で民意を問うにはあと四年待たなければならなかったのである。

議会主義への途を当分鎖ざされた社会大衆党とその支持母体である労働組合は、それぞ

貴族院本会議で演説をする美濃部達吉

れ異なったかたちの団体主義によってその間をしのいだ。社会大衆党の職能代表制への期待と労働総同盟の企業内民主主義の確立とがそれである。

美濃部の「円卓巨頭会議」構想

斎藤実の挙国一致内閣の末期、一九三四（昭和九）年七月頃から、元満鉄理事の大蔵公望《おおくらきんもち》らの「国策研究会」を中心に、陸軍統制派の永田《ながた》鉄山《てつざん》（軍務局長）や社会改革に熱心な「新官僚」と呼ばれた内務官僚や新生の社会大衆党と知識人のあいだに、職能代表制的な新機関設立の動きが活発になってきた。注目すべきことは、翌年に右翼や政友会から「天皇機関説」論者として攻撃される美濃部《みのべ》達吉《たつきち》が、この動きに協力していた点である。

美濃部は、この前年の一九三三（昭和八）年一月に『中央公論』に発表した論文で、「円卓巨頭会議」なる構想を公表していた。

彼はつぎのように論じている。

「われわれの希望したいことは、この際、各政党の首領、軍部の首脳者、実業界の代表者、勤労階級の代表者らを集めた円卓巨頭会議を開き、そのすべてが党派心や階級心や私心を去り、虚心坦懐に真に国家および国民を念として財政および経済の確立につき根本的の方針を議定し、この大方針の遂行に関しては、あたかも戦争に際した時のごとく、暫く政争を絶って挙国一致内閣を支持することである」(『議会政治の検討』、三八頁)。

このような意見を公表していた美濃部は、大蔵らの国策研究会の設立にもかかわっていた。

社会大衆党の構想

他方社会大衆党も、設立一年後の一九三三(昭和八)年七月の中央執行委員会で「国民経済会議」の設立を提唱している。この会議は、「労働団体、農民団体、技術者団体、資本家、地主団体、同業組合、産業組合、商工業組合」などの職能団体代表一〇〇名、地域代表一〇〇名、専門委員、政府代表、陸海軍代表、植民地代表など一〇〇名の計三〇〇名からなるもので、政府が立案した諸法案を議会提出前にチェックする常設的な国家機関となるものであった（国立国会図書館憲政資料室所蔵「林虎雄関係文書」、四）。

社会大衆党がこのような職能代表制に期待をかけたのは、過去三回の普選総選挙で惨敗したうえに、当面総選挙はおこなわれないからである。

美濃部案が内閣の上にもう一つの内閣を作ろうとするのに対し、社会大衆党案は議会の上にもう一つの議会を作ろうとするものであった。しかし、社会大衆党は「国民経済会議」構想とは別に、内閣でも議会でもなく、官僚組織の上にそれを統轄するようなもう一つの官僚組織を作ろうとして、陸軍統制派や革新的な官僚に近づいていた。斎藤実内閣の後を継いだ岡田《おかだ》啓介《けいすけ》内閣の下で一九三五（昭和一〇）年五月に設置された内閣審議会は美濃部構想の、内閣調査局は社会大衆党の後者の構想の実現であった。ただ、内閣審議会の方は、閣僚全員と財界代表二名、閣僚外の民政党議員四名、除名された元政友会議員三名、安達謙蔵らの国民同盟議員一名、その他五名よりなるもので、斎藤実の挙国一致内閣から過半数政党政友会を除いた代わりに財界代表を入れただけのもので、翌三六（昭和一一）年二月には必ずおこなわれる総選挙（任期切れ）に少数党の民政党が与党として臨めること以外には意味のないものであった。

もう一つの内閣調査局の方は、陸軍の総力戦体制の立案機関として存続し、一九三七（昭和一二）年七月の日中戦争の開始によって企画院に改組されたが、設立当初はその中心であった永田鉄山陸軍省軍務局長の暗殺により、一旦は表舞台から退いた。三六年二月の四年ぶりの総選挙を境に、ふたたび「政治の季節」が到来したからである。

集会で演説する松岡駒吉（1928年、千葉。朝日新聞社提供）

松岡駒吉の「企業内民主主義」

この「政治の季節」の到来までは、社会大衆党の支持母体だった労働組合の方も、党とは別の「団体主義」に専念していた。総同盟の中心的指導者だった松岡駒吉の企業内民主主義がそれである。

前節で記したように松岡は、第一回普選総選挙がおこなわれる一年前の論文（一九二七〈昭和二〉年二月）で、労働組合法の制定は社会民衆党に委せて（後には民政党に委せて）、労働運動の方は同法ができた時に備えて各企業内での労働組合の設立・拡大に努めるべきであると論じていた。同時にこの論文は「産業民主主義」という考えを提唱した。当時注目を浴びたのは、この方であった。彼はつぎのように論じている。

「労働組合当面の経済的任務は、労働条件の維持・改善である。しかしながら、労働条件の維持・改善とは、ただに賃金、労働時間等《とう》のみの問題を指すものではない。（中略）産業上における労働者の発言権の伸長のごとき、いわゆる産業民主主義の獲得もまた、広い意味における労働条件の改善運動と解したいのである」（『労働』一八八号、三頁。一九二七年二月）。

翌一九二八（昭和三）年七月に『時事新報』に発表した論文のなかで松岡は、「産業民主主義」とは、「国民生活の福利」のために労使協力して「生産能率」を上げることであると説明している（『労働』二〇六号、四〜五頁。一九二八年八月）。

この論文に対して左派の山川均《やまかわひとし》らは激しく反発した。山川派は、『労農』のなかでつぎのように松岡を批判している。

「われわれは松岡氏の意見とは、根本的に異なっている。（中略）組合は資本家階級に対して労働者を保護することが任務で、資本家階級に対して労働者の作業能力を増進せしめることを責任とする必要はないのである。労働者は団体協約によってその労働力を売渡しても、工場就業規則(中略)以上にわざわざ作業能力増進によって資本家に利益を与え、自己の身体を削がれる義務はないのである。もし労働組合が団体協約によって作業能率増進を請負うならば、(中略)その時には労働組合は、(中略)資本家の搾取を助長する機関と化するのである」(『労農』第三巻、三〇三頁)。

労使協調主義と労使対決主義の対立は、いつの時代にもあり、特に目新しいことではない。ここでの松岡と山川らの対立の紹介は、松岡がかなり早くから、「産業民主主義」や「作業能率の増進」に着目していたことを指摘するためである。

「産業協力運動」

企業毎に労働組合をつくり、その組合が経営者と協力して、「分配」だけではなくそのもとになるパイの拡大のために「生産能率」の増進につとめるという松岡の方針は、労働運動が「政治」の支援を受けられなくなった一九三二(昭和七)年以後、その生き残り作戦として一定の効果を挙げた。総同盟も協力して立ち上げた社会大衆党が、先に記したように職能代表制に存続の途を求めていた時、総同盟自身は「産業協力運動」という別のかたちの団体主義を模索していたのである。

この「運動」の眼目は、経営者側に組合側と「団体協約」（労働協約）を結ばせることにあった。労働組合法の後援なしにそれを企業側に認めさせる代償が、生産性向上への組合員の協力であった。

岡田啓介内閣が内閣審議会と内閣調査局を設立した三ヵ月後の一九三五（昭和一〇）年八月、総同盟は傘下の組合代表を集めて「団体協約に関する座談会」を開催しているが、出席者は異口同音に団体協約の締結による労働条件の改善と作業能率の向上を述べている。たとえば神奈川鉄工労組の川崎支部の代表者は、「団体協約工場のうち、私の方は比較的組合の力も強く恵まれており、昇給なども組合で考慮して、作業能率の外に世帯持ちで恵まれていない者および組合運動に熱心なものを上げておりますが、結果は非常にいい様です。その代わり組合は作業にも責任を持っています」、と述べている。

総同盟が組織できたのは主として中小企業で大企業には手が届かなかったが、それでも労働協約を結んでいた全一一三工場の約半数を占めており、その大半は一九三三（昭和八）年から三五年にかけての二年間に結ばれたものであった。総同盟が期待をかけていた労働組合法の制定の望みが絶たれた直後に労働協約の締結に応じる企業が急増したのは皮肉な結果であるが、松岡の「産業民主主義」や「産業協力運動」は一定の成果を挙げたのである。すでに記したように、行政学者の蠟山政道は社会大衆党の政権進出に、中央・地方の行政改革を通じての「能率」の増進を期待していた。これに対し松岡は、民間企業内部での労使協力による「作業能率の向上」をめざしていたのである。

「大衆の生活」という判断基準

このように見てくると、一九三五年には社会大衆党も総同盟も、それぞれの団体主義を通じて、労働者階級の発言権を増大し、かつ生産性を向上させることに自信を深めていたように思われる。どちらの組織も翌三六（昭和一一）年二月に迫る第四回の普選総選挙に向けての準備に全力を投入していたようには思えない。しかし、「分配」だけではなく「成長」にも労働者の代表が責任を持つという興味深い実験は、十分に定着しないうちに、一九三六年に入ると「政治の季節」が到来した。社会大衆党が選挙準備に本格的に取り組みはじめたのは、総選挙のわずか一ヵ月前の一月一八日の党大会の頃からである。この大会で発表された「宣言」は、相当に大袈裟なものではあるが、一面では的を射たものであった。それはつぎのようなものであった。

「戦いの時は迫った。今こそ我が社会大衆党が全日本の勤労大衆の代表として頽廃せる資本主義とその代弁者たる既成政党とに対して堂々の追撃を加うべき秋《とき》である。人あるいは説いてファッショの危機を言う。しかしながら既成政党が多年独占せる政権を脆くも失い、軍部官僚にその地位を譲らざるを得なかった根源はそも何処にあったか。軍部官僚乃至《ないし》〔および〕いわゆるファッショは果してこの根源に対し適切妥当に対処し得たりや否や。軍部は大衆の生活を顧みずして徒《いたず》らに軍備の拡大のみを欲し、官僚は無気力にして空しく右顧左眄した。いわゆるファッショは微力言うに足らず。在来のあらゆる政治勢力はことごとく試錬に堪え得ずして早くも国民要望の焦点を去り、今やただ一つ我らの党のみが勤労大衆の真実の党として待望の星となって輝いているではないか」(内務省警保局編『社会運動の状況　8　昭和十一年』、六一九頁。一九七二年、三一書房復刻)。

二月総選挙に向けての社会大衆党の大会宣言のなかで特に注目すべきことは、諸悪の根源を軍部や官僚や民間ファッショにではなく、政友会や民政党などの既成政党に求めている点であり、その判断基準を「大衆の生活」に置いている点である。軍部や官僚を批判の的とする既成政党左派の民政党の判断基準が「自由と平和」だったのに対し、社会大衆党のそれは「平等」、今日の言葉で言えば「格差の是正」だったのである。

「反ファッショ人民戦線」への言論人の関心

一九三六（昭和一一）年二月二〇日におこなわれた総選挙で、社会大衆党は五議席から二二議席に増加させ、得票数も約六二万票で前回のそれから三六万票以上も増えた。社会大衆党を中心とする社会主義勢力の大躍進である。

しかし、社会大衆党が攻撃対象とした既成政党のなかでは、リベラル派の民政党が保守党の政友会に大勝した。民政党が五九議席増やして四六六総議席中の二〇五議席を占めたのに対し、政友会は一二七議席を失って一七四議席の第二党に転落したのである。

「持たざる者」の代表社会大衆党の躍進と「持てる者」のなかのリベラル派の民政党の勢力回復のどちらを歓迎するかは、立場によって異なるであろうが、前節で分析した吉野作造や蠟山政道のデモクラシー論から言えば、前者の社会大衆党の躍進が先ず以て注目されるべきであろう。しかし言論界でそのような立場を表明した者は、東京帝大教授の河合栄治郎《かわいえいじろう》ら少数の知識人しかいなかった。大多数の言論人は、満蒙の境界で日本と対峙していた社会主義国ソ連が、その国益を兼ねて提唱した「反ファッショ人民戦線」の方に飛びついた。日本から亡命してソ連共産党の世界組織コミンテルンで働いていた野坂参三《のさかさんぞう》がアメリカ経由で送ってきた「日本の共産主義者へのてがみ」は、社会大衆党などの実践活動家からは強い反発を受けたが、言論界では歓迎されたのである。

日本共産党は一九二八、二九（昭和三、四）両年の治安維持法による大弾圧で打撃を受け、そのうえ非合法化された。それでも同党員は、社会大衆党の支持母体の一つである全国農民組合（全農）などの合法組織のなかで活動を続けていた。全農左派（全国会議派）の指導者田辺納《たなべおさむ》によると共産党員は、「よう働くしね、よう動くしね、それで何言うても〔こちらがテーゼに外れていない限り〕口答えしない」から、すぐにわかるという。そのような党員から、コミンテルンが出した指針（テーゼ）が、豆つぶのように折りたたんでも大丈夫な特殊な紙に書かれて、田辺に手渡されるのである。アメリカ共産党の日本人部の宣伝機関誌『国際通信』一九三六（昭和一一）年五月号に掲載された野坂参三の「日本の共産主義者へのてがみ」も、「祖国よりの便り」の偽装表題の下に日本国内に送られ、同様の方法で田辺にも渡されたと思われる（内務省警保局編『社会運動の状況　8　昭和十一年』、一〇七頁。一九七二年、三一書房復刻）。しかし田辺はこの「反ファッショ人民戦線」の指令の方は拒否した。この手紙は、反ファッショ人民戦線樹立のためには「多数の大農をもふくんだ農民」や「中小ブルジョアジーの不平分子」、さらには「民政党の進歩的分子」とも統一戦線を組めと指示していたからである。「大農」は「農村地主」と同じであり、田辺ら「全農」は、この農村地主に苦しめられている小作農のための組織である。「大農」と「小作農」が一緒になってファシズムを阻止しても、小作農は依然として高額の小作料を払わなければならない。田辺は「人民戦線統一というようなことは、僕ら想像もつかんくらいね」と冷たく回顧している（有馬学『日中戦争期における社会運動の転換』、一二〇頁）。

社会大衆党の二大支持母体のうち、反共の総同盟がコミンテルンの呼びかけに呼応するはずはなかった。しかし、全農には容共の全国会議派があり、田辺はその中心人物の一人であり、その彼が拒否していることは、反ファッショ人民戦線は全農の支持も得られなかったことを示唆している。両支持母体が拒否する人民戦線論を社会大衆党が支持するわけはなかった。

「広義国防」——軍拡と生活向上

「人民戦線」に対抗して社会大衆党が提唱したのは「広義国防」であった。軍部や官僚が本気で総力戦体制をつくりたいのならば、これまでの政治で無視されつづけてきた社会の下層大衆の生活を改善して、軍拡への彼らの支持を求めるべきだとするものであった。軍備の拡張だけを求める「狭義国防」ではなく、軍拡と下層民の生活向上とを両立させようというのが、社会大衆党の「広義国防」だったのである。

ただ、すでに記したように、一九三六（昭和一一）年二月の総選挙を前にして開かれた同党

満員の聴衆を前に演説する麻生久社会大衆党書記長（1936年。朝日新聞社提供）

大会での宣言では、同党は軍部や官僚は「国防」には熱心でも社会改良には不熱心なのではないかと、疑いはじめていた。そのような時に総選挙で五議席から二二議席に急拡大した同党は、前年五月に設立された内閣調査局への依存から、議会を通じての「広義国防」の実現の可能性にも、期待しはじめた。いわばトップ・ダウンの「広義国防」の他に、ボトム・アップの「広義国防」という選択肢も見えてきたのである。この総選挙で初当選した社会大衆党の中心的指導者の麻生久《あそうひさし》が、総選挙後の一九三六（昭和一一）年五月八日の特別議会で同党を代表しておこなった質問演説は、この意味で重要である。

下から見た社会

彼は先ず、長年の労働運動を通じて、いわば下から見てきた社会は、従来の上から見てきたそれとは、大きく違っていることを強調する。

「私共、社会運動を始めまして二十年になりまするが、この二十年間は実際〔に〕農民諸君、労働者諸君、あるいは没落してきたところの中小商工業者諸君と、その生活を、とにかく一緒にして来たのである。支配階級から眺めた社会の世相と、その実際の生活の線に沿って戦って来た吾々とは、大分観方が違うのである」(『帝国議会　衆議院議事速記録』第六六巻、八一頁。官報号外の日付は議会の翌日)。

ここで麻生が胸を張る「二十年」の社会運動の経験というのは、決して誇張ではない。彼が総同盟の前身である友愛会の本部に専任の活動家として入会したのは一九一九(大正八)年五月であり、この演説はそのちょうど一七年後の一九三六(昭和一一)年五月におこなわれているからである。

既成政党攻撃と陸軍への失望

これにつづいて麻生は、民政党も含めた既成政党の攻撃と、陸軍に対する失望とを表明していく。民政党を攻撃し陸軍に失望するというのは、先に紹介したコミンテルンの「人民戦線」指令を正面から否定するものである。

麻生は第一次大戦後には日本でも、社会の中下層民の生活は政府の介入なくしては解決できない時代になってきたのに、その責任を放棄しつづけた政友会と民政党の政権をつぎのように批判している。

「高橋〔是清〕前蔵相は自力更生せよと言われたが、働いて喰って行ける途が開けていれば自力更生は可能であるけれども、社会的な原因が個人の生活を圧迫しているならば、どうしても政治の力によって、この社会的に生活を圧迫している原因を取り去る外に方法はないのである。〔中略〕この十数年間政権を取って居られたところの政友会、民政党の政府は、この政治的に解決を要するところの国民生活窮乏の問題に対して、何らの解決を施して呉れなかったのである」（同前書、八一〜八二頁）。

つい二ヵ月半前に陸軍青年将校の反乱の犠牲となった高橋是清の政策を批判するとは、相当な度胸であるが、「自力更生」が社会改良と無縁なことは、指摘のとおりであろう。

麻生の陸軍批判の方は、微温的なものであり、いわば前向きのものであった。彼はつぎのように述べている。

「私は第二点において国防の問題に対して軍部大臣にお伺をしたい。さきに〔一昨年〕陸軍省は『国防の本義』とその強化〔の提唱〕と題する『パンフレット』を出して、これから先の国防は単に軍備のみを以ては足りない、国民生活の真の安定というものが基礎にならなければ本当の国防は出来ない、国民生活安定の為に、もし今日の経済組織が邪魔になるならば、宜しくこれを改造して、国民生活の安定の出来る経済組織を立つべしというのが、その結論であったと私は思うのである。われわれはこの軍部の広義国防の立前に対しては、全く賛意を表するのでありますが、しかしながら、その後におけるところの予算の状態を見まするならば、ある意味においては軍部自らがこの広義国防の立前を蹂躙した精神に立っていはしまいかということを、われわれは感ずるのである」（同前書、八二頁。傍点筆者）。

ここで論じられているのは、一九三四（昭和九）年一〇月に陸軍省新聞班が発表した、いわゆる陸軍パンフレットで、永田鉄山らの陸軍統制派の綱領的文書であり、麻生久はその発表と同月に、同党の機関紙『社会大衆新聞』紙上で公然とその支持を訴えていた（秦郁彦『軍ファシズム運動史』、二五三〜二七一頁）。それ故に、この議会での麻生の演説は、陸軍パンフレット支持を表明したことではなく、陸軍自身がその方針を捨てたのではないかという疑問を表明したことで重要なのである。事実、永田鉄山亡き後の陸軍旧統制派では石《いし》原莞爾《はらかんじ》らの参謀本部が対ソ戦準備のための重要産業五ヵ年計画の実現をめざし、社会大衆党の支持より財閥の支持の方を重視していく。「広義国防」ではなく「狭義国防」である。

この議会での質問演説で明らかなように、社会大衆党の麻生久の第一の攻撃対象は、国民大衆の生活難に無関心な政友会や民政党などの「既成政党」であったが、同時に陸軍の「狭義国防」にも批判の鉾先を向けはじめていたのである。

社会改良のための制度改革は不要――「粛軍演説」

他方、同じく二月の総選挙で大勝した民政党の方は、斎藤隆夫《さいとうたかお》の「粛軍演説」でよく知られているように、この議会で、二・二六事件に代表される陸軍のファッショ化を攻撃対象に絞った。

斎藤の演説は、わずか二ヵ月半前に起こった陸軍青年将校の反乱を、議会特権を最大限行使して正面から非難したもので、戦後においてだけではなく、当時にあっても、自由主義的な知識人に拍手を以て迎えられた。戦前の憲法体制の下でも、立法府における発言は立法府以外の手によって妨げられることはなく、行政権の一部に過ぎない内務省警保局や、そのまた一部に過ぎない「特高」（特別高等警察）は、議員の発言や官報号外に載ったその議事録に干渉することはできなかった。新聞のように座っていて届く情報ではないが、誰でも少し努力すれば斎藤のこの演説を読むことができたのである。

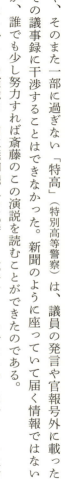

たしかにこの演説は自由主義知識人の気持ちを代弁するものではあったが、日々の生活の改善を政治に求める社会の下層民の欲求を代弁するものではなかった。斎藤はつぎのように述べている。

国会で演説する斎藤隆夫

「私の観るところによりますというと、今日わが国の政治機関、立法、行政、司法を通じて、これら機関の根本について、甚しき改革を加えるところの点は、考えておらないのであります。ご承知でもございましょうが、わが国の政治組織は明治維新以来、欧米先進国の長を採り短を捨て、これにわが国の歴史と国情を加味して作られたものでありまして、その後時代の進運に応じて屢々《しばしば》改正に改正を加えて今日に至って居るのであります。それ故に制度としては相当に完備して居りまして、これを何れの文明国の制度に比べても、決して遜色はないのであります。故に問題は制度の改革というよりか、むしろこの制度を運用する人である」（『帝国議会　衆議院議事速記録』第六六巻、四一頁）。

資本家や地主の経済的搾取に労働者や小作人が対抗するための労働組合法や小作法などの法的保障が存在していなかった当時において斎藤は、現状以上の制度改革はまったく必要がない、と言い切っているのである。

社会改良のための制度改革はまったく必要ないということの立場から、斎藤は、陸軍や右翼や社会大衆党の「革新論」をつぎのように切って捨てる。

「一体近頃の日本は、革新論および革新運動の流行時代であります。（中略）しからば進んで何を革新せんとするのであるか、どういう革新を行わんとするのであるかと云えば、ほとんど茫漠として捕捉することは出来ない。（中略）国家改造を唱えて国家改造の何たるを知らない、昭和維新を唱えて昭和維新の何たるを解しない。畢竟《ひっきょう》するに生存競争の落伍者、政界の失意者、ないし一知半解の学者らの唱えるところの改造論に耳を傾ける何ものもないのであります（拍手）」（同前書、四一頁）。

この演説ののちに一九四五年八月までつづく戦争と全体主義の時代を知っているわれわれなら心置きなく拍手できるファシズム批判であるが、この後につづく先に紹介した徹底した現状維持論とを合わせるとき、当時の人びとのなかには強い違和感を抱いたものも少なくなかったのではなかろうか。

一九三七年四月の総選挙

先に紹介した社会大衆党の軍部と提携しての国民生活改善論と、ここで民政党が主張しているファシズムに反対する現状維持論、さらにコミンテルンの野坂参三が呼びかける反ファッショ人民戦線論のどれが国民大衆の共感を獲得したかは、翌一九三七（昭和一二）年四月末の第二〇回総選挙の結果によって明らかになる。ちなみにこの総選挙は、太平洋戦争前の最後の選挙となった。本来なら四年後の一九四一（昭和一六）年四月三〇日までには総選挙をおこなわなければならないのに、日中戦争が行き詰まってそれどころでないというので、一年間の延期を議会の満場一致で決めたからである。第二一回総選挙は真珠湾攻撃の五ヵ月弱後の一九四二(昭和一七)年四月三〇日に、大政翼賛会所属以外の候補者には圧倒的に不利な翼賛選挙としておこなわれた。

この五年前の一九三七(昭和一二)年四月末の選挙の時には、対米戦争はもとより、日中戦争も起こっていなかった。国民は、平和のうちに、政友会か民政党か社会大衆党か人民戦線派の日本無産党かを選ぶことができたのである。

この総選挙については、『日本政治「失敗」の研究』(講談社学術文庫、二〇一〇年)以来、再三にわたって論じてきたので、ここでは詳細は省いて二点についてだけ、筆者の見解を記しておきたい。

社会大衆党の勢い

第一点は、この総選挙における社会大衆党の躍進の量的な評価である。同党はこの選挙で議席を倍増させた。ただ、それでも同党が得た議席は三七で(のちに一人離脱)、総議席四六六の八パーセント弱である。二六議席失ったとはいえ第一党の民政党が一七九議席、第二党の政友会が一七五議席、あわせて四六六議席中の三五四議席(約七六パーセント)を占めているなかでの三七議席である。いわゆる既成政党の優位には変わりはなかったのである。

ただ、前回選挙からわずか一年二ヵ月で、与党を持たない軍部中心の内閣（林《はやし》銑十郎《せんじゅうろう》内閣）が突然議会を解散したためにおこなわれた選挙である。長年にわたって全国に地盤を築いてきた政友会や民政党にくらべて、新興勢力の社会大衆党にとっては、準備不足による打撃は一段と大きかったものと思われる。その点を考慮すれば、三〇万票の増加と議席の倍増は同党の勢いを示すものだったと言える。総選挙に続き、五月から七月初めにおこなわれた都市部での地方選挙で同党が民政党につぐ議席を獲得したことも、それを裏付けるものと言えよう。一九三七（昭和一二）年七月七日の日中戦争の勃発がなければ、つぎの総選挙で社会大衆党がさらに議席を倍増する可能性は、十分あったと思われる。

第20回総選挙における社会大衆党の躍進（1937年。朝日新聞社提供）

ファシズムか社会民主主義勢力か

第二点は、社会大衆党の議席倍増は、ファシズム勢力の躍進なのか、社会民主主義勢力の増大なのかという問題である。戦後の日本近代史研究では、前者の立場に立つ者が圧倒的多数であったが、当時にあっても同様の見方をする者は、決して少なくはなかった。コミンテルンを代表する野坂参三の「人民戦線」を支持した鈴木茂三郎《すずきもさぶろう》らの社会大衆党左派（一九三七年三月より日本無産党）はもちろん、ファシズムの台頭を警戒する自由主義的な知識人も、同様の立場に立っていた。

「政府のファッショ的傾向」

一九三七（昭和一二）年六月号の雑誌『中央公論』は、五月八日に同誌主催でおこなわれた「次期政権」に関する座談会を掲載している。まだ林銑十郎内閣は退陣していなかったが、四月三〇日の総選挙で、民政党、政友会、社会大衆党のすべてに反対を表明されたので、その退陣は時間の問題だったからである。出席者は七人の評論家と社会大衆党幹部の三輪寿壮であった。

このなかで、当時自由主義的な評論家として有名だった馬場恒吾《ばばつねご》は、社会大衆党の三輪寿壮に、「闘う時にこの目前の目的はなんであるかといえば、今日本の政界において一番悪い傾向を出しておるのは、政府のファッショ的傾向だろう。これがもし成功すれば社大党（社会大衆党の略称）もなにもありはせんからな。その場合には、やっぱり既成政党と一

の現状からいえば一歩前進、（中略）相手にするにしても、何にしても非常にいいんですが、ただ旧い変な殻を持っていて、それで二大政党でござるというような立場でいる。それが議会政治はみんな俺の方で背負ってるんだという恰好でやられる。どうもそれにくっ付いてゆくというわけにゆかないんですよ」（同前、一二二頁）。

蠟山にも三輪にも、社会大衆党がファッショ政党と批判されているという認識は見られない。

社会大衆党躍進の理由

しかし、同党が「広義国防」を唱えて勢力を拡大してきた以上、馬場や清沢の批判を避けては通れない。社会の下層民の生活をまったく顧みない政友会や民政党から「ファッショ」呼ばわりされないためには、同党こそが真の反ファッショ勢力であることを示す必要があった。元九州帝大教授の石浜知行《いしはまともゆき》（一九二八年に赤色教授として指弾されて辞任）が同じ座談会でつぎのように論じているのは、この意味で重要である。

「社大党が今度の躍進を示したことについては、そうなるべき理由があった。その一番大きな理由は、いわゆる非常時の矛盾が昨春あたりから現われ、ことに最近に至って物価騰貴の形をとって国民生活を脅かしはじめ、国民のファッショ的傾向への反撥が一層つよくなった。だが既成政党は多数を擁しながらそうした民心の反撥を政治の上に表現するだけの力を欠いているばかりでなく、時とするとそれと迎合しようとする危惧を国民に与えている。そこで民心が既成政党からはなれ始めたことは、今度の選挙で政友会が五十万票、民政党が八十五万票も失ったことで判る。そうした情勢が社大党への投票を増加させたと思う。社大党には種々噂があり、また、無産者政党としては批判されるべき所もあると思うのですが、今日のところ既成政党頼むべからずとすれば、議会的勢力としては、躍進して来た第三党としての社大党をして民心の反撥をつよく表現させ、ファッショに対抗して貰うより外ない。その点で、選挙民が今後の社大党の行動を監視し批判することによってその社会的役割を逐〔遂〕行させるようにし、社大党もその躍進の理由を認識して、民心の期待に答えるだけの闘争を敢行する義務があると思う」(同前、一一七〜一一八頁)。

既成政党が失った票数については資料によって異同があるが、傾向については同じである。重要なのは、馬場や清沢などの自由主義者が社会大衆党のファッショ性を批判しているのに対し石浜が、選挙民はそんなことは百も承知のうえで同党に方向転換を迫ったのだと述べている点である。また、「物価騰貴」による国民生活の悪化は、「非常時」を強調する軍ファシズムによってもたらされ、民政党と政友会はそれに本気で反対しないから民心の離反を招いたのだとする主張も、注目に値する。

生活防衛のための選挙権行使

今日でもたびたびくりかえされる昭和史像は、金権腐敗した「既成政党」（政友会と民政党）によって生活を脅かされている国民のために、青年将校が五・一五事件や二・二六事件を起こしたのだというものである。石浜知行はこのような見方を否定して、国民は生活防衛のために、与えられている選挙権を行使して、「議会的勢力」である「社大党」に期待をかけたのだと主張しているのである。

この座談会で社会大衆党の三輪寿壮が、「話がちょっと選挙に戻りますけれども、一般民衆の共鳴を得るのは、具体的なファッショ反対のことを言う時に、一番共鳴を得るようですね」（同前、一〇六頁）と述べているのは、石浜の解釈を支持しているように思われる。

二ヵ月後に日中戦争が勃発しなければ、社会大衆党は石浜の主張どおり、「民心の期待に答えるだけの「ファッショに対抗する」闘争を敢行」したかもしれない。総力戦さえ起こらなければ、軍部から離れた社会民主主義政党が「格差是正」に努める姿を見られたかもしれないのである。

おわりに——総力戦体制下の「格差是正」

「民力休養」と「格差是正」の対立を軸に日本近代史を再検討してきた本章は、一九三七（昭和一二）年七月の日中全面戦争の開始を以て終わる。それ以後一九四五（昭和二〇）年八月の敗戦までの八年間は、最初は中国に対する、後にはアメリカとイギリスを相手にする総力戦の連続であり、特に一九四一（昭和一六）年一二月の真珠湾攻撃以後の三年八ヵ月は、文字通りの総力戦であった。

この総力戦の最中には、「民力休養」は論外であった。しかし、「格差是正」の方は、この八年間に、特に一九四一（昭和一六）年一二月以後の三年八ヵ月のあいだに、たしかに実現した。働き手を戦場に送った国内は極端な労働力不足に悩まされ、資本家も地主も労働者や小作人の待遇を改善せざるを得ず、男性が減った分、女性の社会的進出も進んだ。「民力休養」は論外でも、「格差是正」の方は、この八年間にいちじるしく進行したのである。その直接的な原因は、雨宮昭一氏が『戦時戦後体制論』（岩波書店）のなかで明らかにしたように、総力戦体制下における軍需に応じての重化学工業の急発展にあった。今日では立法権の縮小、行政権の肥大化として悪名高い一九三八（昭和一三）年四月公布の国家総動員法の下で、民間企業から軍需産業へ、軽工業から重化学工業への転換がおこなわれ、失業問題に代わって労働力不足が深刻化し、その結果、農民、労働者、女性の経済的、社会的格差の是正が急速におこなわれたのである（同書、二一二～二一九頁）。

しかし、この「格差の是正」は、正常な重化学工業の急成長によっておこなわれたものではない。労働力不足の最大の原因は「軍需」ではなく「徴兵」にあった。このことは、平凡社刊の『世界大百科事典』によって「復員」を調べてみれば、ただちに明らかになる。一九四五年八月の敗戦後に、日本内外の軍隊から復員してきた者は約七八〇万人に上る（『世界大百科事典』第二四巻、四四六頁）。一九四五年の男子総人口は戦死者約二三〇万をすでに差し引いたもので、約三四〇〇万人である。そこから六五歳以上の高齢者と一五歳未満の男子を差し引くと、男性の働き手は約一九〇〇万人になる。約一九〇〇万人の働き手の内、約七八〇万人、一〇人の内四人は軍需とも無関係な軍人として働いていたのである（日本統計研究所編『日本経済統計集』、一〇頁）。

このことから明らかなように、戦時下の労働力不足には、重化学工業の急速な発達という「総力戦体制」によるものだけではなく、それ以上に「総力戦」自体によるものを考慮しなくてはならない。当たり前のことながら、「総力戦」抜きの「総力戦体制」などというものは存在しなかったのである。

明治一〇年代後半（一八八〇年代）の地租軽減論にはじまる「民力休養」と「格差是正」との対立を描いてきた本章は、働き手を戦場に奪われたために起こった「格差の縮小」の時代は含まずに終わりたい。

参考文献

安達謙蔵『安達謙蔵自序伝』新樹社、一九六〇年
雨宮昭一『戦時戦後体制論』岩波書店、一九九七年
有馬学『日中戦争期における社会運動の転換——農民運動家・田辺納の談話と史料』海鳥社、二〇〇九年
板垣退助監修、遠山茂樹・佐藤誠朗校訂、宇田友猪・和田三郎編『自由党史』下巻、岩波文庫、一九五八年
井出孫六ほか編『自由民権機密探偵史料集』三一書房、一九八一年
伊藤博文編『秘書類纂　財政資料』〈明治百年史叢書〉上・中・下巻、原書房、一九七〇年
井上毅伝記編纂委員会編『井上毅伝　史料篇』第二巻、國學院大學図書館、一九六八年
大津淳一郎『大日本憲政史』〈明治百年史叢書〉第三巻、原書房、一九六九年
大山梓編『山県有朋意見書』〈明治百年史叢書〉原書房、一九六六年
小川平吉文書研究会編『小川平吉関係文書』第一巻、第二巻、みすず書房、一九七三年
外務省編『日本外交年表並主要文書』下巻、原書房、一九六六年
外務省編『日本外交文書』第二六巻、日本国際連合協会、一九五二年
北一輝『北一輝著作集』第一巻、みすず書房、一九五九年
陸羯南著、西田長壽・植手通有編『陸羯南全集』第六巻、みすず書房、一九七一年
宮内庁編『明治天皇紀』第八巻、吉川弘文館、一九七二年
クラウリー、ジェームズ・B「日英協調への模索」細谷千博・斎藤真編『ワシントン体制と日米関係』東京大学出版会、一九七八年

近衛篤麿著、近衛篤麿日記刊行会編『近衛篤麿日記』第三巻、鹿島研究所出版会、一九六八年
『阪谷芳郎関係文書』国立国会図書館憲政資料室蔵
志賀重昂全集刊行会編『志賀重昂全集』第一巻、志賀重昂全集刊行会、一九二九年
鈴木貞一著、木戸日記研究会・日本近代史料研究会編『鈴木貞一氏談話速記録』上・下巻、日本近代史料研究会、一九七一年、一九七四年
谷干城著、島内登志衛編『谷干城遺稿』上・下巻、靖献社、一九一二年
鼎軒田口卯吉全集刊行会編『鼎軒田口卯吉全集』第六巻、吉川弘文館、一九九〇年
『帝国議会　衆議院議事速記録』第二巻、第七巻、第五五巻、第六六巻、東京大学出版会、一九七九年、一九八三年、一九八四年
『寺内正毅関係文書』国立国会図書館憲政資料室蔵
寺崎修「反体制野党から体制内野党へ」坂野潤治ほか編『シリーズ日本近現代史　構造と変動』第二巻、岩波書店、一九九三年
遠山茂樹・安達淑子『近代日本政治史必携』岩波書店、一九六一年
戸水寛人『回顧録』清水書店、一九〇五年
内務省警保局編『社会運動の状況　8　昭和十一年』、三一書房、一九七二年
西田美昭「戦前日本における労働運動・農民運動の性質」東京大学社会科学研究所編『現代日本社会　歴史的前提』第四巻、東京大学出版会、一九九一年
日本統計研究所編『日本経済統計集』日本評論新社、一九五八年
ニュウ、チャールズ・E「東アジアにおけるアメリカ外交官」細谷千博・斎藤真編『ワシントン体制と日米関係』東京大学出版会、一九七八年
秦郁彦『軍ファシズム運動史』河出書房新社、一九七二年

秦郁彦『南京事件【増補版】』中公新書、二〇〇七年
『林虎雄関係文書』第四巻、国立国会図書館憲政資料室蔵
原敬著、原奎一郎編『原敬日記』第二巻、福村出版、一九六五年
坂野潤治『〈階級〉の日本近代史』講談社選書メチエ、二〇一四年
坂野潤治『近代日本の外交と政治』研文出版、一九八五年
坂野潤治『西郷隆盛と明治維新』講談社現代新書、二〇一三年
坂野潤治『日本政治「失敗」の研究』講談社学術文庫、二〇一〇年
坂野潤治『明治憲法体制の確立』東京大学出版会、一九七一年
松浦正孝『「大東亜戦争」はなぜ起きたのか』名古屋大学出版会、二〇一〇年
松尾尊兊『大正デモクラシー』岩波現代文庫、二〇〇一年
美濃部達吉『議会政治の検討』日本評論社、一九三四年
三輪建二『祖父 三輪寿壮――大衆と歩んだ信念の政治家』鳳書房、二〇一七年
山辺健太郎編『現代史資料』第一四巻、みすず書房、一九八八年
吉野作造『現代の政治』第一巻、実業之日本社、一九一六年
吉野作造『吉野作造選集』第一四巻、岩波書店、一九九六年
蠟山政道『日本政治動向論』高陽書院、一九三三年

あとがき

本書では近代日本の歴史を「外交」と「内政」に分けて、相互に独立したものとして描いてきた。それぞれについての結論のようなものは、二つの章の章末に記してある。そこで記したように、近代日本の「外交」の基軸は「日英同盟」であった。「欧化主義」、「アジア主義」、「日本主義」の多様な外交思想は、一九〇二年の「日英同盟」の締結で一旦解消し、一九二三年のその消滅によってふたたび姿を変えて復活した。

近代日本の「内政」は、「富国強兵」、「民力休養」、「格差是正」の三つの争点を中心に展開したが、前二者は一九〇〇年の立憲政友会の成立の頃から、「積極財政」か「健全財政」かの経済政策の対立に姿を変え、政治社会の一大争点としての意味を失っていった。代わって登場したのは、政治的、社会的、経済的な「不平等」の是正であり、本書では今日の用語に従って「格差是正」という表現の下に統一した。吉野作造らの普通選挙運動は「政治的格差」の是正要求であり、社会大衆党の「広義国防」論は「社会的経済的格差」の是正要求である。

こうして「日英同盟」と「格差是正」とを近代日本の外交と内政の中心に据えてみると、本書執筆時の二〇一八年のわれわれも、ほとんど同じ問題に直面していることに、あらためて気づかされる。外交の中心は「日米同盟」であり、内政の中心は「格差是正」である。

本書で「外交」の中心に据えた「日英同盟」は、当時の人びとが想定していたよりも、はるかに脆いものであった。「内政」の中心に置いた「格差是正」は、日中戦争から太平洋戦争にかけての総力戦時代を除けば、ほとんど実現しなかった。二〇一八年の今日も「日米同盟」の脆さが露呈しつつあり、「格差是正」の実現は一向に進んでいない。政治家やオピニオン・リーダーだけではなく、国民全体が日米同盟弱体化後の日本の安全保障政策の再構築と、あまりにも多様化し、深化してしまった「格差」の是正について、真剣に考え直さなければならない時代を迎えているのではなかろうか。特に戦後の野党は、「民力休養」と「格差是正」のうち、ほとんど「民力休養」だけに専念してきた。一九八八年以来三〇年におよび、「内政」に関する野党の中心課題は、「消費税」に置かれてきたのである。もちろん野党は「消費税」問題以上に「憲法」問題を重視しつづけてきた。しかし、「平和憲法を守れ」という主張には「内政」改革的要素は、ほとんど含まれていないから、本書で言えば第一章の「外交」の方に属する。「内政」問題が、消費税の導入とその増徴への反対に限られるというのは、まさに第二章で分析した「民力休養」論そのものである。「関心」や「主張」のレベルではあっても、戦前日本の野党の方が、「格差是正」の問題にはるかに真剣であった。

「日英同盟」か「日中親善」か、「民力休養」か「格差是正」かをめぐって展開された戦前日本の歴史を学び直すことは、今後の日本の進むべき道について問い直すことに直結しているのである。

先に公刊した『西郷隆盛と明治維新』（講談社現代新書）と『〈階級〉の日本近代史』（講談社選書メチエ）と同じく、本書も同社学芸部の所澤淳氏のおかげで書き上げることができた。二〇〇字六〇枚前後の一節ができるたびに、同氏は控え目ながら的確な感想を述べて、それとなくその後の議論の展開に示唆を与えてくれた。独り書斎に引き籠って原稿を完成して出版社に渡す、ということは、今の私にはとても想像がつかない。同氏の御助力にあらためて感謝する次第である。

二〇一八年二月

著者

引用文中に、今日では差別・偏見ととられる不適切な表現があるものの、歴史資料であることを考慮して、原文のまま引用した。

講談社現代新書　2479

近《きん》代《だい》日《に》本《ほん》の構《こう》造《ぞう》　同《どう》盟《めい》と格《かく》差《さ》

二〇一八年五月二〇日第一刷発行

著者　坂《ばん》野《の》潤《じゅん》治《じ》　

発行者　渡瀬昌彦

発行所　株式会社講談社
東京都文京区音羽二丁目一二―二一　郵便番号一一二―八〇〇一

電話　〇三―五三九五―三五二一　編集（現代新書）
〇三―五三九五―四四一五　販売
〇三―五三九五―三六一五　業務

装幀者　中島英樹

印刷所　大日本印刷株式会社

製本所　株式会社国宝社

定価はカバーに表示してあります　Printed in Japan

N.D.C.210.6　228p　18cm
ISBN978-4-06-511729-3

#「講談社現代新書」の刊行にあたって

教養は万人が身をもって養い創造すべきものであって、一部の専門家の占有物として、ただ一方的に人々の手もとに配布され伝達されうるものではありません。

しかし、不幸にしてわが国の現状では、教養の重要な養いとなるべき書物は、ほとんど講壇からの天下りや単なる解説に終始し、知識技術を真剣に希求する青少年・学生・一般民衆の根本的な疑問や興味は、けっして十分に答えられ、解きほぐされ、手引きされることがありません。万人の内奥から発した真正の教養への芽ばえが、こうして放置され、むなしく滅びさる運命にゆだねられているのです。

このことは、中・高校だけで教育をおわる人々の成長をはばんでいるだけでなく、大学に進んだり、インテリと目されたりする人々の精神力の健康さえもむしばみ、わが国の文化の実質をまことに脆弱なものにしています。単なる博識以上の根強い思索力・判断力、および確かな技術にささえられた教養を必要とする日本の将来にとって、これは真剣に憂慮されなければならない事態であるといわなければなりません。

わたしたちの「講談社現代新書」は、この事態の克服を意図して計画されたものです。これによってわたしたちは、講壇からの天下りでもなく、単なる解説書でもない、もっぱら万人の魂に生ずる初発的かつ根本的な問題をとらえ、掘り起こし、手引きし、しかも最新の知識への展望を万人に確立させる書物を、新しく世の中に送り出したいと念願しています。

わたしたちは、創業以来民衆を対象とする啓蒙の仕事に専心してきた講談社にとって、これこそもっともふさわしい課題であり、伝統ある出版社としての義務でもあると考えているのです。

一九六四年四月　野間省一